教育现代化与国家竞争力

王洪川 著

浙江教育出版社 · 杭州

目录

引言

研究问题

国家竞争这一概念自20世纪80年代开始为世界各国所关注并日益受到重视。随着经济全球化趋势的加强，国家之间的竞争日益激烈，人们深刻意识到国家竞争力的提升对于一国国民财富的增长和经济持续繁荣的重要性，有关国家竞争力问题的研究热潮也持续升温。对国家竞争力问题的深入研究表明，教育对国家竞争力的提升具有重要的作用，是保证一国具有持久竞争力的重要因素。

20世纪80年代初，经济全球化和贸易自由化使得各国间的竞争日益激烈，与此相伴的是部分国家企业和产业的国际竞争力的下降，这个自然的经济演变过程让许多国家的政府卷入了激烈的国际竞争之中，一些西方发达国家纷纷展开对竞争力问题的研究，以应对国家竞争力不断下降的事实。

在全球化的背景下，美国和欧洲的传统产业面临巨大的竞争压力。1978年美国白宫和参议院要求美国技术评价局对美国的竞争力问题进行研究；1987年，以迈克尔·波特（Michael E. Porter）教授为首，在哈佛大学成立了一个研究小组，出版了《国家竞争优势》一书，提出了著名的“钻石模型”理论。[①]在欧洲，总部设在瑞士日内瓦的世界经济论坛（World Economic Forum，以下简称WEF）自1980年起，就进行国家竞

① Michael E. Porter. The Competitive Advantage of Nations[M]. New York: The Free Press, 1990.

争力排名的研究；英国经济与社会研究会于1983年联合英国高等院校，对20多个有关国际竞争力的专题进行研究。在美英两国的带动下，其他欧洲国家及日本、澳大利亚、韩国、新加坡、印度、巴西等国家和地区也相继展开对国家竞争力问题的研究，形成一股世界性的研究热潮。中国对国家竞争力的研究始于1989年，原国家体改委与WEF、瑞士洛桑国际管理学院（International Institute for Management Development，以下简称IMD）商定进行国家竞争力方面的合作研究，90年代初，我国出版了第一本关于国际竞争力的书籍《国际竞争力》，是国家科委重大软件科学课题“国际竞争力的研究”的研究总结；1996年，原国家体改委经济体制改革研究院与深圳综合开发研究院、中国人民大学联合组成中国国际竞争力研究课题组，并于次年出版了《中国国际竞争力发展报告》。

随着经济全球化进程的加快，各个国家间的竞争愈来愈激烈，如何有效地提升国家竞争力将是未来很长一段时间整个世界集中关注的问题，而教育作为影响国家竞争力的重要因素也必将成为人们关注的焦点。党的十八大以来，以习近平同志为核心的党中央高度重视教育事业在坚持和发展中国特色社会主义战略全局中的地位和作用，把教育摆在优先发展战略位置，全面加强党对教育工作的领导，提出了一系列新理念新思想新观点。[①]党的十九大报告在对决胜全面建成小康社会做出部署的同时，明确了从2020年到21世纪中叶“分两步走”，全面建设社会主义现代化强国的新目标。这一目标描绘了建成富强民主文明和谐美丽的社会主义现代化强国的宏伟蓝图，对提高国家竞争力做出战略安排，教育对全面提升国家竞争力的作用受到更高重视。[②]对国家竞争力问题的深入研究表明，教育对国家竞争力的提升具有根本性的作用，是

① 教育部课题组．深入学习习近平关于教育的重要论述[M]．北京：人民出版社，2019.

② 习近平．决胜全面建成小康社会 夺取新时代中国特色社会主义伟大胜利——在中国共产党第十九次全国代表大会上的报告[N]．人民日报，2017-10-18.

保证一国具有长期持久竞争力的重要因素，教育的发展水平决定着一国的科技发展速度和国家经济的发展，如果一国教育发达、科研实力雄厚，该国就可能在国际竞争中处于优势地位。因而，对此展开系统研究，不论对于相关的理论研究还是具体实践都具有重要意义。

研究基础

学界对国家竞争力的研究自20世纪80年代开始在世界各国兴起。也有学者从更广义的角度提出，国家竞争力问题自国家产生以来就存在了，将对国家竞争力的研究和评价追溯到2500多年前的《孙子兵法》乃至更早时期人们对国情国力的分析活动。侯经川在其所著的《基于博弈论的国家竞争力评价体系研究》一书中对此进行了梳理。[①]但是早期国家竞争力研究是基于战争的需要开展的，从事这方面研究的人也主要是军事家、政治家或这方面的学者，因此，那时的研究更多的是从政治和军事的视角出发。

当今社会，竞争在生产力的发展和社会进步中的作用日益为人们所认识和认可，人们的竞争意识也在不断加强。但对竞争的理论研究却远远落后于竞争实践。除了经济学领域对竞争理论研究得较多外，其他学科的研究都比较简单笼统。

国家竞争力的研究从政治学、军事学领域转向经济学领域，与经济自由主义的兴起及古典自由主义经济学家们的努力密切相关。有关经济全球化的研究表明，历史上经济全球化最先是从国际贸易开始的，可以追溯到15世纪后期和16世纪，而贸易的自由化是经济全球化的主要表现之一。古典经济自由主义是在全球化推动下于17世纪在英国产生的，此后，经亚当·斯密（Adam Smith）和大卫·李嘉图（David Ricardo）等

① 侯经川．基于博弈论的国家竞争力评价体系研究[M]．北京：北京图书馆出版社，2005.

自由主义经济学家的分析和研究逐渐成为一个完整的理论体系。古典自由主义经济学家认为，自由贸易的发展将克服国家之间的战争，国家之间的贸易比战争更可取。

比较优势理论从国际贸易的观点出发指出，外贸竞争力——进而国际竞争力的强弱，取决于一国或地区的劳动力、资源禀赋、人力资本、研究和发展、信息、技术或规模经济等方面的发展水平，在这些方面具有优势的国家或地区要比别的国家或地区具有更强的竞争力。但是，比较优势理论存在一些明显的不足：首先，在研究内容上，它更强调自然资源等国家内生性要素在竞争中的作用，忽略了体制、政府等外生性因素对国家竞争力的影响；其次，在研究方法上，它强调一国处于相对优势的行业和产品参与国际竞争，而不是一国的所有行业和产品都参与国际竞争，形成整体竞争优势，仅把一国的外贸竞争力当作国家竞争力的观点显然是片面和偏颇的，国家竞争力还有更丰富和复杂的内涵；再次，在研究视角上多是静态地考察国家的比较优势，忽略了对国家竞争中国家优势的发展变化和提升等进行动态分析。

真正使国家竞争力成为一个正式的经济学概念的是波特。他自1980年到1990年分别出版了《竞争战略》《竞争优势》《国家竞争优势》三部著作，把对竞争力的研究逐渐从微观的企业层次上升到宏观的国家层次。他认为一国要想在国际竞争中赢得优势，不仅需要一国所有的行业和产品都参与国际竞争，并且要形成国家整体的竞争优势。而这种竞争优势的取得，取决于四个基本要素和两个辅助要素的整合作用，这即他在《国家竞争优势》一书中提出的“钻石模型”理论，该理论为分析和评价国家竞争力提供了一个有效的可操作的工具，对企业和产业如何参与竞争并获取竞争优势均有重大的理论价值和实践指导意义。波特的国家竞争优势理论突破了以往的单因素分析方法，强调动态因素的重要作用，论证了各国比较优势的动态转化过程。其对影响国家竞争优势的决定因素的分析，对于我们分析各国竞争优势的基础、预测竞争优势的发展方向以及长远发展潜力提供了一个非常有用的分析工具。但是，波特的理论只是为国家竞争优势确立了一个基础性分析框架，必须结合各国的实际情况才能加以应用，比较适合对国家竞争力进行定性分析，不便于定量分析。

新制度经济学的新古典国家理论基于外生因素找到了国家竞争研究的新视角，提出了制度竞争论，弥补了先前研究的不足，其代表人物道格拉斯·诺斯（Douglass C. North）认为，国家有三个基本特征：服务、收入最大化、面临其他国家或潜在统治者的竞争。[①]柯武刚、史漫飞（2000）指出，“全球化已经导致了‘制度（或体制）竞争’”。按照制度竞争论的观点，国家竞争的实质是国家制度竞争或国家制度的选择。[②]

而英国经济学家克里斯托弗·弗里曼（Christopher Freeman）所提出的国家创新系统理论主要是通过研究国家的创新问题，揭示国家竞争的可持续能力。国家创新系统理论之所以被列入国家竞争的相关理论，原因在于：根据约瑟夫·阿洛伊斯·熊彼特（Joseph Alois Schumpeter）的创新理论，创新的直接目的就是获得社会存在的某种潜在利益。由此理解，国家创新系统的目的就是使国内经济资源得到更有效利用，从而提高国家的竞争力。国家创新系统理论还揭示了国家竞争的一个重要特点，根据熊彼特的创新动态学说，国家竞争是国家创新的动态发展，是动态竞争，国家可以通过创新机制在动态竞争中实现自己的优势。新制度经济学和国家创新系统理论虽然拓展了先前研究中未被重视的外生因素和动态研究，但仍然只是从某个单一的角度来探讨国家竞争问题。

竞争优势研究的是通过竞争所表现出来的在某方面比竞争对手更具

---

① Douglass C. North. Structure and Change in Economic History[M]. New York: W. W. Norton, 1981.

② 柯武刚，史漫飞. 制度经济学[M]. 北京：商务印书馆，2000.

优势的状态，与比较优势相对；而竞争力所研究的主要是竞争主体在竞争中获胜的能力，能产生这种能力的不仅是竞争优势，还有比较优势。竞争力理论是将比较优势、竞争优势和政府体制融为一体，提出了国家竞争的全新分析框架。该理论最初是以国际竞争力的研究进入学术领域的，由WEF与IMD自1980年开始联合倡导并率先进行研究。

IMD认为四对力量塑造了一个国家的竞争环境：一是本地化与全球化，即在国内、区域内以及在全球范围内布局生产活动；二是吸引力与渗透力，即能够创造就业的吸引外商直接投资的能力，能够创造收入的向国外市场扩张的能力；三是资源与工艺过程，即强调存量资产增值能力的工艺方法、组织流程、专用技术等；四是个人冒险精神与社会协调发展，即强调个人主义，放松管制，实行私有化，强调社会福利，追求平等和社会凝聚力。

由这四对力量分解为8个要素：国内经济、国际化程度、政府政策和运行、金融环境、基础设施、企业管理、科学技术和国民素质。8个要素又分成若干子要素，2000年共确定47个子要素，根据各自要素的内容设计了290个评价指标来定量评定。而WEF（1996）是以经济开放程度、政府作用、金融市场的发展水平、基础设施、技术水平、企业管理水平、劳动力素质以及司法制度健全程度等8项指标来衡量国家的竞争力的。

国家竞争力是本书的一个重要概念，因此有必要对相关的理论研究及对其评价的研究加以梳理，对国家竞争力问题的厘清是构建教育发展与国家竞争力之间关系的前提。国家竞争力理论的流派和观点众多，此外还有文化决定理论、制度创新和变迁理论、发展经济学理论、经济增长理论、企业经济学理论等。其中具有代表性的理论是波特提出的国家竞争优势理论，WEF和IMD被公认为是当前对各国竞争力进行评价的比较权威的两大机构。

教育竞争力是一个较新的研究领域，国内外学者对教育竞争力的定义和内涵尚未形成共识，其理论框架和指标体系也仍处于不断的探索和构建过程中。

通常来看，很多国际组织对各国综合发展水平或综合竞争力的衡量中，都包括教育的内容，这为我们比较各国的教育竞争力提供了一种视角。联合国开发计划署（United Nations Development Programme，以下简称UNDP）开发的人类发展指数（Human Development Index，以下简称HDI）从健康、教育、经济三个维度衡量人类发展水平，其中教育指数包括成人识字率、国民平均受教育年限和初等教育普及率。在WEF的《全球竞争力报告》中，教育归属“基础设施部门”，根据教育公共经费占GDP的比例、中小学生师比、初中升学率、25—34岁成人接受高等教育比例、国际学生评估项目（Program for International Student Assessment，以下简称PISA）中的学业成绩、15岁以上人口文盲率等指标，综合形成排名结果。世界贸易组织（World Trade Organization，以下简称WTO）重新定义了“国家竞争力”，认为国家竞争力的水平不仅体现在本国的经济实力上，同样体现在吸引国际资本、人才、技术的能力和水平上，由此教育服务贸易竞争力就成为教育竞争力的组成部分。

IMD是世界公认的研究国际竞争力的权威机构，他们在2002年的世界竞争力年鉴中将教育竞争力指标分为主观性和客观性两方面指标。教育竞争力的主观性指标来源于他们对世界各国的调查问卷，内容包括教育体系、大学教育、经济知识普及、教育资金、工程师合格率、知识转让等六个方面。教育竞争力的客观性指标包括全部公共教育支出占GDP比例、初等教育生师比、中等教育生师比、中等教育入学率、25—34岁人群中至少获得三级教育的人口所占比例、成人文盲占总人口比例、15岁人口的比例调查七个方面。这七个方面包括了初等、中等和高等教育三个层次，又涵盖了教育投入和教育规模两个方面。

2000年以来，我国学术界对教育竞争力的研究也逐渐兴起。孙敬水（2001）在《中国教育竞争力的国际比较》一文中，通过对我国教育投入、教育成本、教育产出、教育消费的国际比较和分析，认为中国同巴西、阿根廷、印度等同属于教育发展中国家，教育的国际竞争力亟需提高。[①]谈松华（2004）则强调从教育发展战略的角度来认识和研究教育竞争力问题，教育竞争力的目标是实现教育公平、质量和效率三者的统一；在教育竞争力的内容方面，提出将环境和教育、存量和增量、水平和速度、实力和潜力等方面作为评价区域教育竞争力的主要依据，而衡量指标则包括教育发展环境指数、教育投入指数、教育成就指数、教育发展速度指数、教育效率效益指数等。同期，有学者提出从教育事业发展、国民受教育水平、教育经费投入三方面，构建教育竞争力的指标体系（赵丽敏，2004）。[②]

薛海平、胡咏梅（2006）首先运用因子分析的方法，求出反映国际教育竞争力的四个综合指标，即教育投入、教育规模、教育效率、教育产出指标。然后运用聚类分析的方法，将4个公因子的得分与国家教育竞争力综合评分这5个指标作为聚类分析的变量,对49个国家进行教育竞争力的区域划分和排名，结果发现，中国的教育竞争力水平偏低，严重影响了我国国际竞争力的提高，而投入水平偏低是造成中国教育竞争力水平偏低的重要原因。[③]

李亚杰（2008）提出，教育竞争力评价体系以教育结构为基础竞争力，教育绩效为核心竞争力，资源环境为环境竞争力，三者共同构成教

① 孙敬水．中国教育竞争力的国际比较 [J]. 教育与经济，2001(2): 1–3.
② 赵丽敏．教育国际竞争力发展指标体系的构建 [J]. 教育评论，2004(1): 8–9.
③ 薛海平，胡咏梅．国际教育竞争力的比较研究 [J]. 教育科学，2006(1): 80–84.

育竞争力。其中教育结构进一步划分为普及教育、素质教育和社会教育，教育绩效划分为以人为本、教育存量和教育增量，资源环境则包括教育政策、教育人文和教育资源；并利用瑞士洛桑管理学院2000—2006年鉴数据，对中国的教育竞争力加以评价，认为中国的教育竞争力整体水平不高，历年都排在较靠后的位次。[①]

中央教科所国际比较教育研究中心（2010）认为教育竞争力是一个国家的教育产出相对于他国的优势和能力，并从教育发展水平、教育对人力资源的贡献、教育对经济发展的贡献和教育对知识创新的贡献等四个层面界定教育竞争力的内涵。该课题组采集相关数据对53个国家的教育竞争力进行了测算和排序，发现2009年度的中国教育竞争力综合排名居世界第29位，属于中等水平，比1999年提升了17位。

将教育与国家经济增长、国力提升建立起直接联系还要从人力资本理论说起。人力资本的思想萌芽于古典和新古典经济学理论体系，威廉·配第（William Petty）、亚当·斯密、约翰·斯图尔特·穆勒（John Stuart Mill）、阿尔弗雷德·马歇尔（Alfred Marshall）四位经济学家的观点具有代表性，他们都强调了人的素质、工作效率、教育等在价值创造和经济发展中的作用。

亚当·斯密在《国富论》中指出，劳动力是经济进步的主要力量，全体国民后天取得的有用力量都应被视为资本的一部分。经由教育、自学或学徒方式取得的才能通常必须花费成本。对个人而言，这种投资后形成的才能可认为是固定资本。亚当·斯密将教育分为技术教育和文化教育，建议由国家推动、鼓励，甚至强制全体国民接受最佳教育。他把工人技能的增强视为经济进步和经济福利增长的基本来源。穆勒认为技能与知识都是对劳动生产率产生重要影响的因素，劳动力所取得的能力应

① 李亚杰．中国教育国际竞争力分析[J]. 北京邮电大学学报(社会科学版), 2008(2): 61-65.

当同工具、机器一样被视为国民财富。

20世纪五六十年代，对人力资本的系统研究达到一个高峰。美国经济学家舒尔茨（T. W. Shultz）认为人力资本主要指凝聚在劳动者本身的知识、技能及其所表现出来的劳动能力，这是促进现代经济增长的主要因素。他认为人力是社会进步的决定性因素，人力的取得需要耗费稀缺资源。人力，包括知识和技能的形成，是投资的结果。他在提出人力资本理论后，采用收益率法测算了人力资本中的教育投资对美国1929—1957年间的经济增长的贡献，其贡献率高达33%。受舒尔茨人力资本理论影响，世界各国纷纷根据自己的国情制定人力政策，加大对教育的投入，提高教育系统的效率，其最终目的就在于使教育适应动态的经济需求，增强国家竞争力。

20世纪八九十年代，美国哈佛大学教授波特的国家竞争优势理论指出，国家竞争优势的取得取决于四个基本要素，即生产要素、需求要素、相关和辅助性行业以及企业的战略、结构和竞争对手。其中，生产要素包括基本要素和高级要素两大类：基本要素是先天拥有的如自然资源、气候、地理位置、人口等；高级要素是通过长期投资和培育创造出来的，如通信基础设施、熟练劳动力、科研设施以及专门技术知识等。波特认为高级要素对竞争优势具有更重要的作用，因此，政府通过加大对基础教育和高等教育的投资，提高人口的常规技能和知识水平，对高等教育的刺激和激励与科研机构的研究，将极大地提高国家高级要素的质量。

世界上较早对国际竞争力进行研究的机构之一IMD在对国际竞争力发展的统计数据和发展理论进行分析的基础上，总结出提升国际竞争力的十大金律，其中之一就是：向教育投资，特别是在保持基本教育水平和劳动力的终身技能素质培训上的投资。

随着对国家竞争力研究的不断深入，出现了各种类型的竞争力研究，如区域竞争力、城市竞争力、产业竞争力、教育竞争力等。

教育竞争力，特别是高等教育竞争力，对国家竞争力或区域竞争力形成的重要性，在各国竞争力研究的理论阐释和指标设计中都得到了充分的体现。而且教育竞争力作为对国家竞争力研究的延伸，也逐渐从国家竞争力的研究中分化出来，成为独立的研究体系，形成了国际教育竞争力研究、高等教育竞争力研究、区域教育竞争力研究的新领域。这也说明人们越来越认识到教育竞争力对国家竞争力的长期影响和不可替代的作用。

赵宏斌撰写的《教育竞争力是国家竞争力的基石》一文指出，教育竞争力，特别是高等教育的竞争力是国家竞争力的有机组成部分，是国家竞争力赖以持久的基础和关键要素。西方发达国家之所以有较强的国家竞争力，很大程度上得益于充满活力的教育事业。① 提升教育的竞争力意味着从根本上增强国家的竞争力。胡瑞文、杜晓利所撰写的《人才是增强国家竞争力的根本》指出了在知识创新、科技创新、产业创新不断加速的时代条件下，人才资源是最重要的战略资源，综合国力的竞争归根结底是人才的竞争。② 人力资本是永不枯竭的可持续资源，是社会发展的永恒动力。方钢山所写的《论国家竞争优势与教育政策选择》一文指出了教育政策对保持一国国家竞争优势的重要性。认为政府并不能控制国家竞争优势，它所能做的是通过政策影响竞争优势。政府制定产业政策的主要目标是：发展提高生产力的人力资源和资本。并指出在德国、日本、韩国、新加坡等国家，教育、训练以及科学研究已被视为竞争的本钱，在这些国家，很多成功的产业都和人力资源的素质有关。③

① 赵宏斌．教育竞争力是国家竞争力的基石 [J]. 教育科学，2008(4): 7–10.
② 胡瑞文，杜晓利．人才是增强国家竞争力的根本 [J]. 前线，2005(12): 27–28.
③ 方钢山．论国家竞争优势与教育政策选择 [J]. 中国成人教育，2005(6): 6–9.

还有一些学者如江家立（2006）[①]等阐述了高等教育、职业教育、研究生教育对于提升一国国家竞争力的重要性。张琪、张岩在《高校创新教育与提升国家竞争力》中指出，21 世纪的社会经济形态是知识经济，而知识经济的核心在于创新，这就要求人力要素具有创造性。没有创新，知识经济主体便失去了竞争力和生命力。[②]未来国力的竞争主要是具有创新能力的人力要素的竞争，而高等教育担负着培养高素质人力要素的重要职责，高校教育的质量和水平直接影响着一国的国家竞争力。

研究意义

当今世界综合国力竞争，归根结底是人才竞争。以往研究中并没有太多的关于教育对国家竞争力提升作用的研究，很多研究者认识到教育与国家形成及发展之间的密切联系，但并没有上升到国家竞争力的层面；很多国家的研究人员也认识到国家间的竞争实质就是教育、科技的竞争，却少有进一步探讨教育是怎样提升国家竞争力的；有关国家竞争力的理论和评价中也间接地将教育这一因素纳入其中，但仅从一些数据指标和排名上并不能看出教育在国家竞争力提升中所占的比重；也有很多运用经济学的理论探究教育促进经济增长的机制的研究，但是单纯某一方面的研究存在很多弊端，看不到教育所起的潜在的作用。

尽管国内关于教育政策、教育发展的宏观或微观的国际比较研究呈现出方兴未艾之势，但关于“教育竞争力”的研究，尚处于起步阶段。中央教育科学研究所（2011 年更名为中国教育科学研究院）从 2008 年起开展“中国教育竞争力国际比较”研究，进行了有益的尝试。但如何构建教育竞争力的理论框架和衡量体系，如何通过国际比较探索提升教育竞争力的战略和政策，仍需要通过进一步的研究来不断深入和完善。

① 江家立．职业教育与国家竞争力提升 [J]. 科技信息（学术研究），2006(11): 365-366，368.

② 张琪，张岩．高校创新教育与提升国家竞争力 [J]. 辽宁工学院学报（社会科学版），2004(4): 96-97.

特别是，由于教育对国家竞争力作用的综合性和复杂性等多种原因，以及竞争力概念的不断延展，比如产业竞争力、城市竞争力等，理论界对教育竞争力与国家竞争力之间的关系、教育在国家竞争力形成和发展过程中的具体作用的分析仍然有待详细化，这也正是本研究的价值所在。

教育对国家发展具有重要作用这一论断已被人们广为熟知且深信不疑。那么教育到底是如何成为国家发展的关键因素，成为国家竞争中的王牌的呢？针对这一问题，以舒尔茨为代表的经济学家们通过大量的、连续的实证分析进行了论证，但是，这些理论也存在着分析不全面的弊病。国家竞争力理论的提出，为我们研究教育与国家发展之间的关系提供了一个新的方向。与经济学的论证不同，教育是一个较为庞杂、较为广泛的系统，对教育竞争力构成全方位的影响，而不仅仅是数字指标上的变化。因此，从竞争力的角度着手分析教育与国家发展、国家地位提升之间的关系，可以帮助我们从更平实的意义上认识教育对国家竞争力提升的巨大作用。

对中国而言，经过 40 多年的经济快速发展，国家的经济发展模式、人民的社会生活方式已经发生了根本性的变化，国家竞争力不断增强。根据世界经济论坛计算的全球竞争力指数，中国经济已经从排名中下水平提高到中上水平。2019 年，在参与排名的 141 个国家和地区中，中国排名上升到第 28 位。但是，中国的弱势主要体现在金融市场、高等教育和培训、技术环境和创新等方面，在教育改革、技术创新、金融改革等方面还处于落后地位。在全球化背景下研究各国教育发展与国家竞争力之间的关系，对于判断我国的教育发展阶段、制定教育发展战略具有重大的借鉴意义。在知识经济时代，教育竞争力已成为国家竞争力的核心组成部分，因此，研究教育竞争力和国家竞争力的关系，可以为制定教育发展政策、建设教育强国提供一种新的理论视角和分析工具，从横、纵两个向度和内生、外在两个方面，认清我国在迈向教育强国和人力资源强国的进程中还有哪些差距。特别是通过对教育竞争力构成维度的分析，针对规模、质量、体系、基础设施、体制环境等方面，提出旨在提高国家竞争力的教育发展战略与政策。

研究框架

发展教育、投资于人是具有长远回报特征的崇高事业。管子认为："一年之计，莫如树谷；十年之计，莫如树木；终身之计，莫如树人。一树一获者，谷也；一树十获者，木也；一树百获者，人也。"[①]中国最丰富的资源就是人力资源，中国最优先的发展战略就是大力开发和充分利用人力资源，不断强化教育投资，提高每个人的人力资本水平，那么十几亿人口就会形成巨大的总人力资本的优势，成为中国最具竞争力的优势。

教育兴，国家兴。孔子认为国家兴盛的标志除了人口众多、人民富裕之外，就是国民受到良好的教育。[②]教育是经济发展、国家繁荣的最好途径，尤其是对世界人口大国而言，它还是成为世界强国的基本条件。2017 年 10 月 18 日，党的十九大报告指出："建设教育强国是中华民族伟大复兴的基础工程，必须把教育事业放在优先位置，深化教育改革，加快教育现代化，办好人民满意的教育。"21 世纪是中华民族伟大复兴的世纪，同时也是中国现代教育发展、人力资源开发的黄金时期，我国在逐步加快从世界教育大国向教育强国、从世界人力资源大国向人力资源强国、从世界人才大国向人才强国迈进的步伐，《国家中长期科学和技术发展规划纲要（2006—2020 年）》《国家知识产权战略纲要》《国家中长期科技人才发展规划（2010—2020 年）》先后出台。"教育兴则国家兴，教育强则国家强。"2019 年 2 月，中共中央、国务院印

① 《管子 · 权修》，参见《管子选注》，长春：吉林人民出版社，1975: 6.

② 《论语 · 子路》："子适卫，冉有仆。子曰：'庶矣哉！'冉有曰：'既庶矣。又何加焉？'曰：'富之。'曰：'既富矣，又何加焉？'曰：'教之。'"

发《中国教育现代化2035》，中共中央办公厅、国务院办公厅印发《加快推进教育现代化实施方案（2018—2022年）》；2019年11月，中共中央、国务院印发《新时代爱国主义教育实施纲要》，是进入新时代党中央、国务院做出的重大战略部署。中国科教战略决策体制保证了从“科教兴国”到“科教强国”的统一和可行。未来需要将教育和科技进行有机结合，在继续用好“人口红利”的同时，注重化“人口红利”为“人才红利”，给创新、创造人才更广泛的空间。教育竞争力对人才竞争力和科技竞争力产生直接的促进和推动作用，这直接表现就是人力资本的增加、人才竞争力的提高，以及科技创新能力的提升。而人才作为创新的实践主体，也会提高国家的科技竞争力。而教育竞争力、人才竞争力和科技竞争力三者综合作用，将对国家的全面竞争力形成有力的先导和引领作用，从而促进综合国力的进一步提升。

第一章 研究综述

1.1 基本概念

教育竞争力概念从“国家竞争力”和“经济竞争力”概念引申而来，是“竞争力”概念在教育领域的延伸。作为国家综合竞争力的重要组成部分，教育竞争力是在进行国际比较时，一个国家的教育所具有的相对优势和能力。现有文献对这一概念和相关理论进行了讨论，但仍存在进一步探索的研究空间。

竞争力是竞争的基础和源泉。竞争力的概念最早来源于企业管理研究。1985 年的《全球竞争力报告》指出，国际竞争力是“企业目前和未来在各自的环境中以比它们国内和国外的竞争者更有吸引力的价格和质量来进行设计、生产并销售货物以及提供服务的能力和机会”。[①]1994 年的《全球竞争力报告》更明确指出，国际竞争力是“一国一公司在世界市场上均衡地生产出比其竞争对手更多财富的能力”。[②]美国《关于竞争力的总统委员会报告》认为，国家竞争力是指在良好的市场条件下，能够在国际市场上提供良好的产品和服务，同时又能提高本国人民生活水平的能力。[③]有关城市竞争力、企业竞争力、国家竞争力、旅游竞争力的研究方法方兴未艾。这些竞争力的研究和排名也在一定程度上影响

---

① 宁越敏，唐礼智．城市竞争力的概念和指标体系 [J]. 现代城市研究，2001(3):19–22.

② 张志强，吴健中．企业竞争力及其评价 [J]. 管理现代化，1999 (1): 24–25.

③ United States. Committee on Banking, Finance, and Urban Affairs. Subcommittee on Economic Stabilization. President's Commission on Industrial Competitiveness 1984[M]. Washington: Government Printing Office, 1985:4. https://babel.hathitrust.org/cgi/pt?id=pur1.32754066835715&view=1up&seq=84 .

了政策的走向。

当前，竞争力很少使用固定句式的定义，更多以比较和相对的方式进行描述，比如：在全球市场上，一个经济体比另一个国家的竞争能力更强（或更弱）；或者与其他国家的类似系统相比，一种系统（教育系统）具有竞争优势（或没有竞争优势）。这取决于根据某些标准，某组织机构是否比其他组织机构具有更好的成绩或表现。也可以相对于自身的比较来定义竞争力（作为绩效的衡量标准）：从现实的情况出发，和相对于理想的情况进行比较。根据实际可用资源及资本化程度，当经济或教育系统具有更高的利用价值、物质或精神“生产力”等能力特征时，这一组织或机构就被认为更具竞争力。根据经济合作与发展组织的说法，竞争力是“从事国际竞争的公司、行业、地区、国家或超国家机构利用生产要素来确保持续相对较高的收入或利用资本来获得较高的收入的能力”。尽管有关竞争力的辩论往往集中在比较方法上，但“生产要素”和“资本”这两个概念也具有十分重要的意义。

而在教育方面，大学竞争力主要是聚焦于知识市场的竞争。在有关当今时代大学应如何运作的主要报告中，欧盟委员会将“竞争力”作为关键的执行词。[①]世界高校排名、地区高校排名等排行榜，表明了大学之间的竞争关系，这是讨论大学竞争力的一个重要方面。尽管各大高等院校排名存在一定争议，但由上海交通大学高等教育研究所提供的世界大学排名、《泰晤士报高等教育增刊》排名以及QS世界大学排名，正在广泛地影响着决策者、教育学者、教育管理者和公众对高等教育的评价。

教育竞争力是一个国家综合实力的重要组成部分，是国家通过改善教育内部和外部的条件，优化教育质量，培养创新人才，普遍提高国民

① Mayo P. Competitiveness, Diversification and the International Higher Education Cash Flow: the EU's Higher Education Discourse Amidst the Challenges of Globalisation[J]. International Studies in Sociology of Education, 2009, 19(2): 87–103.

素质，并扩大教育影响力，从而在国际竞争中取得人力资源储备之优势的能力。中央教育科学研究所根据研究竞争力问题的著名专家、美国学者迈克尔·波特的理论，认为国家竞争力是一个国家在国际竞争中所拥有的竞争优势和比较优势，那么教育竞争力最初始的界定也应当围绕竞争优势与比较优势展开。[①]国际管理发展研究所（International Institute of Management Development）和WEF将国家竞争力领域划分为12个子类别，而教育通常包含在宏观经济背景与卫生、教育与技能这两个子类别中。与“竞争力”一词的定义相称，教育竞争力可以定义为一个国家创造和维持环境的能力，这种环境可以维持教育质量并为其人民带来更大的繁荣。[②]在以往的国家竞争力体系内，八大影响因素中有两项与教育直接相关，即“科学技术”和“国民素质”。从“科学技术”评价指标体系中我们可以看出，“研究与开发人力资源”“技术管理状况”“科学环境状况”等都与高等教育机构有着密切的关系。从“国民素质”的7个方面32项指标来看，劳动力、教育结构、生活质量、劳动者态度等方面都与高等教育有着密切的关系。[③]

而从与人力资本联系相对紧密的高等教育角度出发，传统经济时代决定竞争力的核心要素是自然资源、劳动力资源以及对物质资源的占有，但是在当今知识经济时代，知识、人才以及科技创新已经成为决定竞争力的核心要素，国家之间的竞争已经从传统经济时代的资源竞争演变为科技和人才的竞争。而教育部门恰恰是知识和科技创新的场所以及高素质人才培养的机构，在当今时代，提升高等教育竞争力，就在很大程度上提升了国家竞争力。[④]

---

① 中央教育科学研究所．中国教育竞争力报告2010[M]．北京：教育科学出版社，2011.

② Choi Y C, Lee J H. What Most Matters in Strengthening Educational Competitiveness?: An Application of FS/QCA Method [J]. Procedia-Social and Behavioral Sciences, 2015, 197: 2182-2190.

③ 耿涓涓．提升区域竞争力：高等教育的地位和作用[J]．高教探索，2003 (1): 4-6.

④ 康凯，高晓杰．提升高等教育竞争力是我国高教强国建设的核心[J]．国家教育行政学院学报，2019 (7): 8-13.

从广义概念出发，教育竞争力应为一个国家的教育产出在和别国比较时所具有的相对优势和能力，其内涵包括四个层面：教育发展水平，包括正规与非正规教育的规模以及教育质量；教育对人力资源的贡献；教育对经济的贡献；教育对知识创新的贡献。[①]而从狭义来说，最接近“市场竞争力”和“经济竞争力”概念的是“高等教育竞争力”。很多研究也从高等教育出发，挖掘高等教育在知识竞争和人才培养方面直接的内涵。现代市场上的教育服务以及任何其他服务都是在竞争激烈的环境中提供的，高等教育机构需在竞争中了解自己在征服市场和获得稳固立足点方面的竞争优势。这其中存在的教育服务市场，是各种教育机构和非教育机构教育服务的需求和供给之间的互动场所。[②]在新技术革命的背景下，人力资本的内涵与测量、人力资本的积累方式、人力资本投资决策理论、人力资本与经济增长的关系、人力资本与收入分配的关系以及人力资本与劳动力市场的关系可能都会有新的发展。[③]人力资本的变革直接影响教育竞争力的变革。因此需要整合各种资源，不断学习和创新，从而创造优势并保持优势的力的总和。据此，教育竞争力一般包括教育竞争外力、教育竞争能力、教育竞争活力等。[④]

尽管近年出现很多对人力资本理论、教育与经济关系的反向思考，不少研究也论证了经济本身对教育产生的影响[⑤]，但作为衡量国家竞争力的重要指标，教育竞争力有着不可替代的意义和地位。

1.2 教育竞争力功能指向

教育竞争力在提升一国综合国力中有着特殊的地位和作用，是一国

① 中央教育科学研究所国际比较教育研究中心 . 中国教育竞争力的国际比较研究 [R]. 中央教育科学研究所 , 2009.

② Kireeva N, Slepenkova E, Shipunova T, et al. Competitiveness of Higher Education Institutions and Academic Entrepreneurship [J]. Revista ESPACIOS, 2018, 39(21).

③ 杜育红 . 人力资本理论 : 演变过程与未来发展 [J]. 北京大学教育评论 , 2020, 18(1): 90-100.

④ 朱红 , 朱敬 , 刘立新等 . 中国高等教育国际竞争力比较研究 [M]. 天津：天津大学出版社 , 2010.

⑤ 毛洪涛 , 马丹 . 高等教育发展与经济增长关系的计量分析 [J]. 财经科学 , 2004 (1): 92-95.

综合国力的重要组成部分。教育竞争力关系到科技竞争力和企业竞争力的提升，因此要提高我国的国际竞争力，关键是要逐步提升我国教育竞争力，准确判定我国教育竞争力在世界上的位置，对于国家科学地制定教育发展战略，积极推进教育现代化进程具有十分重要的意义。①

1.2.1 教育竞争力影响国家竞争力

教育竞争力会极大地影响国家竞争力。国际管理和发展研究所以及WEF等国际机构发表了关于不同国家的国家竞争力的报告。教育竞争力作为国家竞争力的一个分支，被认为是国家发展的一个重要因素，因此，研究的主要问题集中在哪些因素与提高教育竞争力最密切相关，以及如何加强教育竞争力上。但是，目前大多数研究倾向于选择教育领域的一般指标，如同年龄人口中的中学生入学率或15岁以上人口中的文盲百分比等，作为代表教育竞争力的因变量。

马克思、恩格斯十分重视教育的作用，认为教育是造就全面发展的人的有力手段，教育可以培养和训练人的劳动能力，可以使人摆脱旧分工给他们造成的片面性，教育对人的发展具有全面的、系统的影响作用。②教育对于人力资本有着重要意义，促进和推动着人力资本的形成，对经济产生了无可比拟的影响，许多经济学家发现，经济增长与受教育程度在不同国家之间有着高度的相关性。有研究表明，学校教育对经济的影响可以解释三分之一左右的增长贡献。③在评价国家竞争力时，各大组织均将教育作为重要的评价指标。WEF强调，教育和培训已成为提高竞争力的关键驱动力，需要确保劳动力获得新知识，并接受新工艺和最新技术方面的培训。一个国家吸收新技术、生产能达到国际市场可

① 薛海平，胡咏梅. 国际教育竞争力的比较研究[J]. 教育科学，2006, 22(1): 80–84.
② 中共中央马克思恩格斯列宁斯大林著作编译局. 马克思恩格斯全集[M]. 北京：人民出版社，2006.
③ Bils M, Klenow P J. Does Schooling Cause Growth?[J]. American Economic Review, 2000, 90(5): 1160–1183.

接受质量和性能标准的商品和服务、以创造价值的方式与世界其他国家交往的能力，与该国学校的质量密切相关。因此需要提升教育竞争力，优先发展数学和科学方面的培训和教育，并建立专门的研究和培训中心。

马克思和恩格斯指出：大工业生产的本性需要尽可能多方面发展的工人，客观上要求将生产劳动和教育结合起来。[①]由于教育直接影响到智力资本和组织资本的创造，因此是为企业提供竞争能力和竞争优势的主导领域。教育机构能够产生知识，培养技能，使个人能够实现个体目标，因此教育是提高竞争力的基础设施。在这方面，荷兰国家竞争力的提升就是一个明显的例子。20 世纪 60 年代，荷兰发现了大量天然气，作为制造业产品的主要出口国，天然气行业的蓬勃发展导致了劳动力和资本的外流，工业生产成本急剧上升，工业产品的国际竞争力急剧下降，导致荷兰的经济恶化。为解决危机，荷兰采取了相应的财政政策、货币政策和结构调整措施，调整经济发展模式，引导劳动力和资本回归制造业。20 世纪 80 年代中期以后，荷兰经济开始保持高速增长，全球竞争力排名不断提升。在机构、基础设施、卫生和初等教育、高等教育和培训、劳动力市场效率和创新排名等方面取得了重大进展，提高了荷兰的整体竞争力。可以说，荷兰的教育体系，尤其是高等教育体系，成了荷兰国家竞争力提升的关键助推器[②]。

面向未来，国家之间的竞争，更需要通过教育竞争力体现。其中，高质量是教育的主要竞争力指标。“教育质量”一词意味着教育须考虑以下因素：（1）教学质量（学习过程设计、教学方法）；（2）学术人员的质量；（3）学习流程的质量；（4）设备提供和支持的质量；（5）学习环境的质量；（6）学生的特点；（7）大学管理的质量；（8）学术研究的质量。因

① 马克思 . 资本论 (第 1 卷)[M]. 北京 : 人民出版社 , 1975.

② 杜云英 . 荷兰应用技术大学 : 国家竞争力的助推器 [J]. 大学 (学术版), 2013 (9): 39-46.

此，信息和通信技术的多种形式的能力，尤其取决于现代信息和通信技术的多种形式的知识转移的质量[①]。此外，经济和文化的全球化一步步让世界变成了开放和知识交流的共同体，教育市场也日益自由化，因此在高等教育竞争方面也有了新的要求（见表 1–1）。

表1–1 国家高等教育系统竞争的典型细分[②]

第一梯队	精英研究型大学自我复制，结合历史声誉、研究业绩和学生素质 / 学位状况；由地位吸引 / 积累驱动，而不是收入本身；非扩张性的规模；对社会地位和权力的无限野心；富有；相对封闭
第二梯队	有抱负的、努力进入研究型大学但暂时没能进入的；优秀学生和研究人员的人才流失倾向于进入第一梯队的高校；可能从事选定的商业活动以产生收入，但在商业方面效率不高；资源较为稀缺，半开放式
第三梯队	教学受学生数量和收入驱动；其中一些是营利性机构，或是公共部门的经营性机构，含有很大的商业成分，而且有扩张的趋势；资源匮乏；在市场压力下有过度营销的现象和降低成本 / 质量的趋势，相对开放

1.2.2 教育竞争力推动教育改革

根据安迪·哈格里夫斯（Andy Hargreaves）和古德森（Goodson）的观点，教育改革已经经历了三个连续的阶段。第一个是乐观和创新的时代（第二次世界大战结束后至 20 世纪 70 年代后期）。在那个时代，学生人数不断增长，经济增长促使人们对通过教育实现个人解放和技术进步感到乐观。教育改革的基础是大规模课程改革，通过提高教师的专业自主性，以及通过创新推动学校的进步。学生群体相对同质，而在特定机构中向有特殊需要的学生授课这一事实增加了人们对创新的期望。第二阶段是复杂和矛盾的时代（20 世纪 70 年代末至 90 年代中期）。教育改革的重点是通过检查、评估和考核来增强对学校、教师和学生的外部

① Bauk S, Jusufranic J. Competitiveness in Higher Education in Terms of the Level of Students' Satisfaction with E-Learning in Blended Environment[J]. Montenegrin Journal of Economics, 2014, 10(1): 25–42.

② Marginson S. Dynamics of National and Global Competition in Higher Education[J]. Higher Education, 2006, 52(1): 1–39.

控制，从而导致学校规章制度的增加和教师自治的减少。但是，与此同时，新自由主义运动增加了教育的选择自由。学生群体变得越来越多样化，因此需要采用包容性方法，并将重点转向全民学习。第三阶段是标准化和市场化的时代（20世纪90年代中期）。教育改革是根据集中规定的课程、学习和评估标准进行设计的，这些标准通过强化评估和测试进行监督，并且学校之间的竞争日益加剧。在这一时期，教师正在失去专业自主权，学习正集中在标准化测试的成功表现上。①从这些阶段的变化不难看出，从教育内部来说，受评估标准的影响，教育改革的变化和全球竞争有着千丝万缕的联系；而从教育外部来说，全球化不仅增加了世界经济的竞争，而且加剧了教育系统之间的竞争。通过在教育系统中创建评估机制，比较和分析国家和地区的教育表现，教育改革的政策和策略将被驱动，以适应现实的需要。通过不断增加的信息流通和增加全球教育借贷的方式来统一教育政策，质量更好的教育可以提高平均收入和生产率，并减小产生对经济发展有害的社会问题的可能性，因此不同国家的教育改革开始具有相似的假设、价值观和特征。

随着科技革命的开展和社会的变迁，人们对教育的期望发生了巨大变化。生产力、有效性、问责机制和竞争力等多种和市场价值相关的概念已越来越多地嵌入全球教育改革中。教育选择的自主性大大增加，也反过来促进教育竞争。而在教育竞争力的作用不断被拔高的同时，标准化和相应的问责制度也不断被引入教育领域，为学校系统提高教学质量和教学有效性提供了解决方案。

在发达国家和经济转型国家中，以知识经济为基础的教育早已成为教育政策讨论中的关键词。近年来，越来越多的发展中国家也开始聚焦

---

① Hargreaves A, Goodson I. Educational Change Over Time? The Sustainability and Nonsustainability of Three Decades of Secondary School Change and Continuity[J]. Educational Administration Quarterly, 2006, 42(1): 3–41.

于这一概念。但是，它很少被转变成针对教育系统或教育者的操作策略或改革计划。一般情况下，针对服务于以知识为基础的经济体的教育改革，往往会更强调数学与科学、信息与通信技术、扫盲的基本知识与技能的提高，以及人际交往能力的发展这几个方面。此外，基于知识经济的教育改革还需要提供先进的中等和高等教育，以提高劳动生产率和研究与创新能力。各国政府在充分强调经济竞争力的核心决定因素的良好教育方面可发挥重要作用。[①]具有难度的是如何将教育的核心作用转化为具体的行动和方案，并推动整个教育体系的改革（见表1–2），使得个体教育包含四个重要方面：重新思考与创新，重新审视知识概念，关注人际交往能力，以及增强学习意愿和技能。

表1–2 针对经济竞争力的教育改革分类[②]

教育改革分类	经济竞争力的决定因素及其对教育的影响		
	人力资本（教育和培训）	使用信息和通信技术	创新和技术适应
重组以及调整	入学率和参与率	学生 / 计算机比率	学校—企业伙伴关系
质量	入学和流动性； 学制； 学术知识素养	信息技术课程； 灵活性和选择性； 教师在信息基础方面的准备情况； 学校中的信息技术设施	对高等教育的投资； 采用多种教学方法； 在个人学习和集体学习上的关注
金融、设施和管理	数学科学； 评估和评价政策； 创造力和风险承担力； 元认知和人际交往能力； 教育花费； 终身学习； 权力下放和分散问责	信息管理系统； 基础设施投资	增加高等教育支出； 增加研究和研发资金

① Ioan P, Gabriela B M, Mihai P D. Education and Competitiveness in the Globalization Era[J]. The Annals of the University of Oradea, 2013: 167.

② Sahlberg P. Teaching and Globalization[J]. Managing Global Transitions, 2004, 2(1): 65–83.

1.2.3 高等教育竞争力影响国家竞争力

关于高等教育竞争力的作用和影响有许多不同的观点和态度。从功能主义角度出发的观点认为，高等教育竞争力的作用和影响体现在高等教育的成果上。若以知识作为高等教育的主要要素，则倾向于认为知识具有物质属性，在高等教育中，研究和教学是加工知识的重要工具。而高等教育功能论的代表们认为，高等教育最重要的挑战是变革与融合，在全球竞争的背景下，选择合适的高等教育投资模式非常重要，直接影响着高等教育的变革速度和一体化程度，也影响着国家或组织的高等教育竞争力。但一个特定的投资模式能在多大程度上应用于一个特定的高等教育体系，主要取决于教育体系变革的必要措施。

在关于高等教育最合适的投资模式的学术争论中，对高等教育既有工具主义的态度，也有功利主义的态度。而在投资模式的选择上，主要是基于高等教育对社会、经济和个人发展的预期或实际影响考虑，特别是在投资份额方面。一方面，部分研究者支持公共投资，他们认为，假定拥有大学学位的雇员比没有获得大学学位的雇员收入高，在收入累进税率下，受过大学教育的雇员将要缴纳更高的税。如果以这种税收为基础的未来收入大于当前支出，那么增加对高等教育的公共投资自然是合理的[①]。另一方面，一些研究者认为主要收入来源于公共资金的高等教育投资模式并不适合高等教育的投资模式。他们认为，这种模式无助于高等教育的繁荣、发展和竞争力的提高。因此，以公共和私人资金为主要来源的投资模式是首选。还有研究者认为，成功的、有竞争力的高等教育投资应该包括两个方面：一方面是公共的，通过税收补贴投资，高等教育成本由一般税收支付；另一方面是个人的，每个学生都通过贷款支付教育费用。他们主张从公共和私人渠道对高等教育进行联合投资，

① Clark B R. The Higher Education System: Academic Organization in Cross-national Perspective[M]. Berkeley: University of California Press, 1986.

但没有说明这种投资的最佳比例。[①]在经济发展领域，高等教育通过增加人力资本，以及创造受过更好教育、更熟练的劳动力而提高了生产力和竞争力。此外，在广义的知识经济概念中，知识生产以及知识向产业的有效和高效转移，也是经济增长的关键因素之一。但无论选择哪一种立场，研究者都必须承认教育与经济增长之间的关系，增加一年的学校教育会使人均国内生产总值（以下简称GDP）增长4%—7%[②]。

高等教育机构的竞争力在国民经济中越来越受到重视。近年来，高等教育系统的运作框架已经全面转型。在某些欧洲国家，申请就读大学的学生越来越少，因此，只有部分高等教育机构可以“弥补”这一缺口，从而最大限度地减少学生人数的流失。在这个过程中，从生存的角度来看，高等教育机构的竞争力因素起着重要作用。高等教育机构的竞争力越强，学生想在那里继续学习的可能性就越大，因此，与落后的竞争者相比，该机构将来有更大的生存空间。竞争力受以下主要基本因素影响：输入要素的质量、金融、财政资源的利用效率、教育水平和质量标准、国际性、技术发展和国际认可度。[③]

考虑到高等教育的竞争力问题，有研究者指出面向国际的大学有助于提高国家的竞争力，从而决定各国是否从全球化中受益，以及以何种方式受益。高等教育提高竞争力的一个主要障碍是部分学术结构和大学组织的落伍，它们无法保证学术声誉。通过加大对高等教育的投资，向外国参与者开放国家大学资助项目，以及加强跨国高等教育融资合作，可以提高学术竞争力。[④]而从教育与人力资本的关系来看，现代化是国

① Del Rey E, Racionero M. Financing Schemes for Higher Education[J]. European Journal of Political Economy, 2010, 26(1): 104–113.

② Lowther J. The Quality of Croatia's Formal Education System[J]. The Competitiveness of Croatia's Human Resources, 2004: 13–25.

③ Labas Istvan, Darabos Eva, & Nagy Tunde Orsolya. Competitiveness–Higher Education. Studia Universitatis Vasile Goldis Arad. Seria Stiinte Economice, 2016, 26(1): 11–25.

④ Begg R. The Dialogue between Higher Education Research and Practice[M]. Berlin: Springer Science & Business Media, 2003.

家之间相互竞争和追赶的动态过程。一个国家在现代化进程中的相对地位不是一成不变的，它可能从一个落后者变成一个先驱者，从一个跟风者变成一个领导者，或者从一个模仿者变成一个革新者。这是人类历史上现代化进程中的追赶现象。每一次成功的经济追赶都同时伴随着人力资本的追赶[①]。因此必须牢牢把握高等教育发展的机遇，通过提升高等教育竞争力来促进经济发展。

1.3 西方国家提高教育竞争力的政策经验

各国实践证明，现代化建设事业越是发展，对人才、对教育的需求就越加迫切。由于教育竞争力的重要意义，不少国家和地区，尤其是教育资源较为丰富的国家和地区，纷纷制定相关教育政策，旨在提升教育竞争力。

1.3.1 美国教育竞争力的相关政策

美国对教育国际竞争力一直非常重视。围绕教育国际竞争力召开了专项会议，制定了多项政策。为了保持本国大学在全球的领先地位，美国从 2005 年开始启动并实施了美国竞争力倡议（American Competitioness Intiatrie，ACI）和综合国家战略（Comprehensive National Strategy）。前一项倡议旨在通过夯实教育基础、加强学术竞争力，特别是在数学、科学、外语、工程、技术等领域加强对美国学生的培训，保持美国在科学、技术和经济方面的领先地位。后者由教育部斯普林斯部长发起，由一个专门的委员会负责实施，旨在扩大美国高等院校的招生规模、增加高等教育资源的供给，以及增加高等教育的社会责任，以保持美国大学在全球的卓越地位。[②]

① 胡鞍钢，熊义志．大国兴衰与人力资本变迁 [J]. 教育研究，2003, 24(4): 11–16.
② 陈超．维持世界卓越："美国竞争力计划"与"综合国家战略" [J]. 清华大学教育研究，2008, 29(3): 72–77.

2006 年，美国参议院一百零九届第二次会议的主题即为“审查教育在全球竞争力中的作用”，提出关注数学和科学知识，进行相应的高中改革，以及使用国家安全语言等倡议。美国政府认为，没有受过良好教育的劳动力在未来的竞争中必定会使美国失去在世界上的领先地位，而发展中国家的发展和创新速度可能会反超美国。为了在全球经济中保持竞争力优势，美国政府表示在教育和劳动力计划中，必须确保相关机构、部门和各级政府负起责任，并保持协调。为了保持竞争力并赢得竞争，从政府层面必须确保学校永远不会消失，学习永远不会结束。

奥巴马在执政期间曾多次实施教育改革。2009 年，奥巴马在拉美裔商会上关于全面教育改革计划的讲话中着重强调教育对国家竞争力的重要意义，提出构建美国全面而有竞争力的教育体系，为所有美国人提供一个完整的、有竞争力的、从启蒙到精英的教育。并根据提升教育竞争力的要求，提出建立教育改革的四大支柱的概念。教育改革的第一根支柱：投资于儿童早期教育；第二根支柱：采用更高的教育标准和更适当的评估体系；第三根支柱：招聘、培养、奖励优秀教师；第四根支柱：促进学校创新，追求卓越；第五根支柱：为每个美国人提供高质量的高等教育，无论是大学教育还是职业技术培训。同时，他也呼吁家长加强对儿童教育的关注①。

作为教育资源非常丰富的国家，美国拥有较为完善的基础教育体系和优质的高等教育机构，但在发展的各个阶段，其对于教育竞争力一直具有危机意识，一直在围绕提升教育竞争力规划自身教育的大政方针，不断提升教育竞争力。

1.3.2 俄罗斯教育竞争力相关政策

俄罗斯长期以来非常重视教育竞争力的提升，2006 年，俄罗斯联

① 周红霞．构建美国全面而有竞争力的教育体系——奥巴马在拉美裔商会上关于全面教育改革计划的讲话摘编 [J]. 全球教育展望，2009 (4): 56–59.

邦教育发展国家委员会发布了对俄罗斯教育现代化具有重大意义的报告《教育的创新发展——提高俄罗斯竞争力的基础》[①]，旨在全方位保障从学前教育到高等教育的发展，培养优质人才。其后，俄罗斯不断丰富和完善针对提升国家竞争力的教育政策。值得注意的是，和大多数国家的教育政策不同，俄罗斯的相关政策非常关注教育人才的培养，对俄罗斯师范教育提出了非常详细和全面的要求。该政策分为几个层面。

在学前教育层面，提出加大学前教育的支持力度，为 3 岁前儿童的发展创造条件。2012 年前，俄罗斯确立保证学前教育的普及率的目标。为达成这一目标，由俄罗斯联邦拨付资金，交由地区用于幼儿园的建设和重新配备，以及教师技能的提高。截至 2016 年底，幼儿园入学排队入园的问题已经解决，所有 3—7 岁的儿童都可免费接受学前教育，使俄罗斯进入学前教育最发达国家行列，这是近年来俄罗斯教育领域的最显著成就之一。在 3—7 岁儿童入园率基本达到 100% 的基础上，提高 2 个月到 3 岁儿童的学前教育入学率，向在家学习的学前儿童的家长提供教育心理学、教学法以及咨询支持等，是俄罗斯 2024 年发展战略在教育领域的一项重要任务。

在基础教育层面，提出建立“教师成长国家体系”，提升中小学教育质量。按照 2024 年发展战略的要求，俄罗斯中小学教育质量要进入世界十强国家行列，教师是提升教育质量的关键。俄罗斯学校教师从年龄结构来看，高年龄段教师和年轻教师占比较高，高年龄段教师普遍存在知识结构老化问题，而年轻教师则实践经验不足。提高师资质量、促进教师专业化发展成为近十年来俄罗斯教育政策的焦点。为提升教师质量，俄罗斯引入了教师绩效工资制度，并于 2013 年制定完成了《教师专业标准》草案。

---

① 杜岩岩，朱小蔓．俄罗斯师范教育政策调整的动因、策略与措施——基于《教育的创新发展——提高俄罗斯竞争力的基础》报告解读 [J]. 教育研究，2009 (3): 65-69.

在教师教育层面，从 2016 年开始，根据 2015 年 12 月俄罗斯联邦国家委员会会议结果，普京授权俄罗斯联邦政府着手建立“教师成长国家体系”。2017 年 7—9 月，由俄罗斯联邦教育科学部主持，由 21 世纪教师联合会工作小组研制完成的“教师成长国家体系模型”与修订过的《教师专业标准》共同在网站公开发布，社会各方积极参与讨论。“教师成长国家体系”根据教师完成任务以及承担责任的难度、复杂程度的不同，确定差别化的教师岗位，与《教师专业标准》一起成为教师鉴定的依据。建立“教师成长国家体系”，其实质就是建立一个教师专业成长的系统模式，主要目的是促进教师专业发展，给予教师支持。这一系统模式组成要素包括教师教育、教师鉴定、教师技能提升、教师专业标准以及职业（地位）声望提升。2017 年，“教师成长国家体系”已经在 13 个地区试行，据俄罗斯联邦教育部设想，未来将在每个联邦主体建立地区连续教师教育体系。按照总统令的要求，在 2024 年前，要保证 50% 以上的中小学教师通过技能提升获得专业发展教育。

在特殊人才培养方面，完善天才儿童的发展和支持机制，通过各种奥林匹克竞赛、青少年学术交流会、夏令营等活动发现儿童与青少年的天赋才能，并向他们提供支持，这也是从苏联时期就形成的教育传统。经过 20 世纪 90 年代失落的十年后，俄罗斯逐步恢复并发展了天才儿童的发现和培养机制。2003 年，俄罗斯联邦教育部第二次出台《天才工作构想》，明确了天赋才能和天才儿童的概念，阐述了天才儿童的发现和发展方法、原则，并特别强调选拔天才儿童的同时必须致力于发展儿童的潜力。俄罗斯独特的儿童补充教育体系就是为满足儿童的多样化的兴趣和爱好，作为天才支持与发展体系而产生的。在补充教育体系内，俄罗斯已经建立了包括“阿尔捷克”“海洋”“雏鹰”等全国儿童营地、“天狼星”儿童教育中心，以及青少年科技园、专业培训班在内的天才儿童培养体系。

在高等教育国际化方面，国际学生数量是高等教育国际化的重要指标。进入新世纪，为吸引更多留学生，俄罗斯持续加大政策力度。2001年，俄罗斯政府开始恢复外国留学生政府奖学金项目，每年在全球范围内资助 1 万名优秀的国际学生到俄罗斯高校学习；2008 年俄罗斯制定了《2020 年前社会与经济发展战略》，从国家发展战略的角度要求 2020 年前要将外国留学生占高校学生总数的比例提升到 5%；2012 年，俄罗斯联邦教育科学部将高校外国学生占比设定为高校效能评估的重要指标，刺激高校吸纳更多留学生；2017 年，出台《俄罗斯教育出口潜力开发专项计划》，将教育出口潜力开发视为一项重要的国家任务。为消除吸引外国留学生方面的制度障碍，2017 年，俄罗斯国家杜马教育委员会会议第一次审议《简化部分类别外国留学生签证制度的法律草案》，以此启动相关工作，希望简化相关程序，为留学生学习、打工、就业创造便利。2018 年，普京签署了《关于修改“俄罗斯联邦外国公民法律地位法”第 5 条第 17 款的联邦法律》，并确定了 2024 年前国家发展目标和战略任务，对在俄罗斯高校就读的外国公民数量提出了更高的要求，要求在 2024 年前，将外国赴俄留学生数量再提高一倍，并要求继续采取综合措施，为优秀外国留学生在俄罗斯就业创造条件。

在校企合作方面，为鼓励高校与企业展开科研合作，俄罗斯联邦政府于 2010 年 4 月 9 日颁布了《关于政府支持发展俄罗斯高等教育机构和组织实施全面打造高科技生产项目的决议》，按照该决议，促进俄罗斯科研组织和高校发展的措施之一就是与企业进行合作。根据决议内容，俄罗斯联邦政府将对“发展科学技术”项目（2013—2020 年）提供奖金支持，其主要目的除了建立俄罗斯高校、科研机构和生产企业的联系之外，还包括促进创新、发展俄罗斯高校的科研力量、提高高校教育质量，以及发展科学密集型生产。项目拨款方式为全额奖金拨款，项目申请必须有企业的参与，拨付的奖金必须为企业的高科技生产带来必要的改变。如果未能完成设定的任务，高校需返还全部奖金。支持高校和企业合作仍是2024年前俄罗斯鼓励科技发展与创新的重要内容，俄罗斯计划在2024年前，在大学和经济部门进行合作的基础上，启动不少于15个教育科学中心，保证俄罗斯进入科学研究五强国家行列。①

1.3.3 欧洲有关教育竞争力的研究与政策

欧洲对于教育竞争力的研究一直走在政策发展的前沿，2005年10月，在汉普顿法院举行的非正式会议上，研究与开发以及高等院校被公认为是欧洲竞争力的基础。②实际上，欧洲经济共同体委员会曾指出，大学是欧洲未来的关键角色，也是成功过渡到知识型经济和社会的关键。③在提升高等教育竞争力方面，欧盟也设计了相关规划类政策，“欧洲2020战略”提出到2020年，至少有40%的30—34岁的人具有高等学历的基本目标。“教育和培训2020”战略框架以2010年教育和培训工作计划为基础，并于2009年3月被欧洲理事会接受。该框架提到了提升教育竞争力的目标，并为成员国制定了共同的战略目标。关于实现终身学习和流动性，《欧洲联盟运作条约》第165条第二款具体列出了欧盟在高等教育领域的行动目标，具体表现在以下几个方面：发展欧洲教育；激发流动性；促进教育机构之间的合作；平等地发展关于成员国教育制度问题的信息和经验的变化；促进远程教育的发展。“欧洲2020战略”注重智能、可持续和包容性增长，愿意通过对研究和创新进行更有效的投资来实现其目标。

1.4 教育竞争力的影响因素

有研究者从组织竞争力的视角出发，高校的组织竞争力决定了其相

① 安心．全面提升教育竞争力——俄罗斯着眼未来的教育政策[N].光明日报，2018-05-16.

② European Commission. Delivering on the Modernisation Agenda for Universities: Education, Research and Innovation[J]. Communication from the Commission to the Council and the European Parliament, COM (2006) 208 final, Brussels, 10 May, 2006.

③ Commission of the European Communities, Delivering on the Modernisation Agenda for Universities: Education, Research and Innovation [EB/OL]. https://eur-lex.europa.eu/LexUriServ/LexUriServ.do?uri=COM:2006:0208:FIN:EN:PDF .

对于教育服务市场竞争对手的比较竞争优势。从创新支持的角度来看，这是专业附加教育体系（Additional Professional Education，以下简称APE）运作的必要条件。教育在其发展的各个阶段都起着稳定器的作用，决定着社会的发展。这一作用目前仍然是重要的、及时的，因为当代世界的各种趋势和矛盾都提出了新的问题，解决这些问题主要取决于教育体系的稳定发展。在当前情况下，当世界教育体系在文化和社会发展中起决定性作用时，作为劳动力市场需求和实际需求的动力，教育对社会制度提出了新的要求，如需要深入内部的改革并提高教育机构的灵活性等。而使系统稳定运行的主要条件就是提高教育部门的竞争力，这就要求：

- 运用科学的管理方法；
- 根据教育过程、市场状况制定灵活定价机制；
- 实施创新战略，确保信息的统一性；
- 技术和管理，按竞争优势的阶段进行精确细化；
- 统一实体生命周期所有阶段的质量和总成本；
- 应用现代研发方法（功能成本分析、模拟、预测、优化、每个决策的经济实体化、基于项目的规划、战略性创新项目等）；
- 在实体生命周期的任何阶段维持任何管理过程的功能之间的互连；
- 形成与管理APE实体竞争力相关的措施体系；
- 适应不同的市场环境。

APE实体创新支撑体系与竞争力支撑体系（System of Competitive-ness Support，以下简称SCS）是一组相互关联的系统，使实体在某些操作模式下能够获得可预测的结果。

SCS包括：

- 实体——激活该系统的运动力；
- 目标——本系统运行的程序结果；

• 方法——实现设定目标所需的工具；
• 表格——指导和行动所需的组织文件；
• 方法——问题解决方案的类型和措施的集合。

该系统的目标是以特定的形式发挥经济潜力、获得支持，为观众提供稳定的刺激，提供高质量的教育服务，管理熟练，培养教育服务市场上的创新型个人[①]，从而从组织的角度提高高等教育机构乃至整个高等教育系统的竞争力。

国内有学者使用层次分析法分析了高等教育竞争力的影响因素，研究认为，影响高等教育的因素是多方面的，其中比较重要的有高等教育投入、高等教育发展水平、高等教育的贡献等。有学者提出了高等教育竞争力评价的火箭模型，模型共分三级，第一级是高等教育投入，它是火箭的启动级，有了高等教育投入，高等教育系统的火箭才能发射升空；第二级是高等教育发展水平，它是火箭的中间部分，它把高等教育系统的火箭向高处推进；第三级是高等教育的贡献，它通过高等教育对经济社会的作用与贡献，把高等教育系统的火箭推向更远。据此，模型提出两个维度，维度一：反映高等教育发展水平的高等教育规模、高等教育质量、高等教育国际化程度等五项指标；维度二：反映高等教育的贡献，包括高等教育对人力资源的贡献、对经济发展的贡献，以及对知识创新的贡献等七项指标。[②]

和对竞争力总体的研究相比，一些研究聚焦于某一具体国家或地区的教育竞争力而展开，并分析了教育竞争力的影响因素。

有学者构建了中国省级区域教育竞争力综合评估指标体系，该体系

---

① Mashkova N, Patrakov E, et al. Ensuring Competitiveness in the System of Additional Professional Education[J]. Life Science Journal, 2014(11): 426–429.

② 王素，方勇，孙毓泽．高等教育竞争力：模型、指标与国际比较 [J]. 教育研究，2012(7): 122–129.

以教育资源、教育质量、教育投入、教育规模、教育效率和教育产出状况等六个方面25项具体指标来衡量和反映中国31个省、直辖市、自治区的区域教育竞争力状况：

教育资源：分为教育人力资源和教育基础设施资源两种。具体包括每个小学教师负担学生人数、每个中学教师负担学生人数、每个大学教师负担学生人数、每万人小学数量、每万人中学数量、每万人高等院校数量。

教育质量：每万人在校小学生人数、每万人在校中学生人数、每万人在校大学生人数、文盲和半文盲人口占15岁及以上人口比例(%)、小学入学率(%)、人均受教育年限。

教育投入：教育经费占GDP比重、教育经费占全国经费比重、人均教育经费。

教育规模：平均每所小学在校学生人数、平均每所中学在校学生人数、平均每所大学在校学生人数。

教育效率：每万人小学毕业生人数、每万人中学毕业生人数、每万人大学毕业生人数。

教育产出：6岁及6岁以上人口不识字或少识字人数占比、6岁及6岁以上人口小学文化程度人数占比、6岁及6岁以上人口中学文化程度人数占比、6岁及6岁以上人口中大专以上文化程度人数占比。①

其研究结论为，省级区域教育竞争力的差距较大，区域间的非均衡性非常明显，东部—中部—西部呈阶梯状逐渐低下。

在国际区域研究方面，有研究者针对拉脱维亚创业教育在欧盟劳动力市场中的竞争力进行研究。该研究对拉脱维亚六所大学的4909名毕

① 吴玉鸣，李建霞．我国区域教育竞争力的实证研究[J]. 教育与经济，2002 (3): 15–19.

业生（2006—2011 年）分别在教育、人文科学与艺术、社会科学、商业科学和法律、自然科学、数学和信息技术、工程科学、生产和建筑、农业、卫生保健，以及社会福利和服务等专业的竞争力进行了调查。总体而言，毕业生们认为自己在拉脱维亚劳动力市场上具有竞争力，他们对自身的理论知识、分析能力和系统化处理信息能力持积极态度。同时指出，在创业教育和提高拉脱维亚大学竞争力方面需要进行进一步改进，这可以通过提高教学质量、更新课程内容，以及改善教学（学习）方法来实现。①

1.5 教育竞争力评估指标

教育竞争力相关的研究中，影响力最大、研究内容最为丰富、最有直观意义的便是评估指标的设计和结果的呈现，在这一方面，各大研究机构和国际组织进行了全方位、多角度的探索，形成了一系列与教育竞争力联系紧密的评估指标，产生了深远的影响。

1.5.1 兰德公司的高等教育质量评估体系

20 世纪 90 年代以来，世界范围内出现了一种加强社会问责、强化高等教育质量保障的趋势。美国在探索高等教育质量保障方法方面有着丰富的经验，其高等教育评估制度发展也较为成熟，并且评估模式具有多样化的特点。②兰德公司 2002 年出版了《保障高等教育的质量和效率：评估实践的分析》一书，该书采用系统层次分析（System-level Analysis），对美国当前保障高等教育质量和效率工作进行了卓有成效的审视和总结，并归纳分析了四种评价模式③：

① Bikse V, Rivža B, Latvian I B. Competitiveness and Quality of Higher Education: Graduates' Evaluation[J]. Journal of Teacher Education for Sustainability, 2013, 15(2): 52-66.

② 谢安邦 . 比较高等教育 [M]. 桂林：广西师范大学出版社，2002: 375-390.

③ Gates S M, Catherine H, Benjamin A R, et al. Ensuring Quality and Productivity in Higher Education: An Analysis of Assessment Practices [M]. San Francisco: JOSSEY-BASS. A Wiley Company, 2002: 87-153.

•模式 1：教育提供者评估教育活动，然后由中介机构审核提供者自评的方法及过程。

•模式 2：由一个中介机构作为独立检查者来具体制定评估目标，设计评估程序和方法，并根据教育提供者提供的数据测量结果并评估机构的绩效。

•模式 3：提供者在没有中介介入的情况下独立进行自我评估，其目的在于改进而不是问责。

•模式 4：提供者和中介机构都各自开展评估活动，关注的是学生的能力而非教育提供者的能力。

1.5.2 IMD 世界竞争力指标

IMD每年发布的《世界竞争力报告》，用以衡量世界各国和各地区管理经济和人力、促进这些方面增长繁荣的能力。《IMD世界竞争力年鉴》（IMD World Competitiveness Yearbook）于 1989 年首次出版，是一份全面的年度报告，是各国竞争力的全球参考点。它提供基于广泛研究的基准标记、趋势，以及统计和调查数据。它根据国家管理能力以实现长期价值创造的方式对国家进行分析和排名。经济的竞争力不能仅关注GDP和生产率，因为企业还必须应对政治、社会和文化方面的问题。因此，政府需要提供一种以高效的基础设施、机构和政策为特征的环境，以鼓励企业可持续地创造价值。

IMD世界竞争力排行榜强调了过去几年中出现的一个长期趋势，即排名靠前的国家都有一种独特的提高竞争力的方法。该报告自 1989 年开始发布，排名基于从纳入评选的 63 个经济体中采集的 235 个指标。不仅考虑失业率、GDP、政府的医疗和教育支出等一系列“硬数据”，同时也将“高管调查”所覆盖的社会凝聚力、全球化和腐败问题等“软数据”纳入考量范围。这些指标信息被分为经济表现、基础设施、政府效率和营商效率四个大类，最后给出每个国家的最终得分。而其评价结果在很大程度上来源于全世界相关行业专家的打分的统计。

随着科技的发展，IMD还进行了世界数字竞争力（World Digital Competitiveness，以下简称WDC）排名，对各国采用和探索数字技术的程度进行分析和排名，从而引发了政府实践、商业模式和整个社会的变革。与IMD世界竞争力排名一样，WDC假设数字化转型主要发生在企业层面（无论是私营企业还是国有企业），小部分发生在政府和社会层面。WDC排名方法将数字竞争力定义为3个主要因素：知识（Knowledge），技术（Technology），未来准备（Future Readiness），每个因素又分为3个子因素，突出分析被评价地区的各个方面。这9个子因素包括51项标准，尽管每个子因素不一定有相同数量的标准（例如，评估培训和教育的标准比评估信息技术集成的标准多）。每一个子因素，无论其包含的标准数量如何，在结果的整体合并中具有相同的权重，约为11.1%。评价标准可以是硬数据（Hard Data），可以是数字竞争力的直接分析，因为可以横向进行测量（如互联网带宽、速度），也可以是调研数据（Survey Data），如直接分析竞争力，经过标准化处理后可以直接进行比较（如公司的灵活性）。硬数据占总体排名中三分之二的权重，而调研数据占三分之一的权重。这51项标准包括19项新指标，这些指标仅用于评估WDC排名，其余指标与IMD世界竞争力排名共享。此外，有些标准仅用于背景信息，这意味着它们不用于计算总体竞争力排名（即人口和GDP）。最后，将9个子因素的结果进行综合，得到整体的综合排名[①]。

1.5.3 国际学生评估项目

国际学生评估项目PISA（Programme for International Student As-

① IMD. The IMD World Digital Competitiveness Ranking [EB/OL]. https://www.imd.org/centers/world-competitiveness-center/rankings/world-digital-competitiveness/.

sessment，以下简称PISA）测试旨在通过一个普遍而被国际认可的框架进行定期评估，在更广泛的背景下确定国家所提供的教育制度的绩效。他们可以通过调查学生学习和其他因素的关系而“提供国家内部和国家之间表现差异的深入见解”[①]。PISA每三年对15岁学生的阅读、数学和科学能力进行评估，测验主要评估学生的知识和技能，每种评估都以以上三个方面之一为主，并以其他两个方面为辅进行汇总评估。该研究于2000年首次进行，每次测验内容都在阅读、数学和科学之间轮换。PISA还包括一般能力以及跨课程能力的评价，例如对协作、解决问题能力的评价等。通过设计，PISA评估了学生在义务教育临近结束时期所获得的技能。PISA由工业化国家的政府间组织——经济合作与发展组织（Organization for Economic Co-operation and Development，以下简称OECD）协调，由美国国家教育统计中心（National Center for Education Statistics）在美国进行统计。最新的评估数据已于2018年秋季收集完成[②]。

自2000年该项目启动以来，2018年是第七次评估。PISA 2018评估了大约80个国家和教育系统中学生的科学、阅读和数学素养，阅读是PISA 2018数据收集的重点，此外，PISA 2018还包括金融素养评估。[③]2018年重点考察了在数字环境中阅读的能力，但是评估的设计也使过去20年来阅读素养的趋势测量成为可能。从2018年的考察重点可以看出，PISA将阅读素养定义为对文本的理解、使用、评估和反思，以实现目标为目的，帮助学生拓展知识、开发潜力并参与社会活动。

PISA 2018分两阶段进行抽样，在第一阶段，首先选择了至少150

---

① McGaw B. The Role of the OECD in International Comparative Studies of Achievement[J].Assessment in Education: Principles, Policy & Practice, 2008, 15(3): 223-243.

② Rey O. The Use of External Assessments and the Impact on Education Systems[J]. Beyond Lisbon, 2010: 137-158.

③ OECD. PISA Overview[EB/OL]. https://nces.ed.gov/surveys/pisa/.

所学校的代表性样本，并考虑到它们的位置（州还是省，位于农村还是城镇）和教育水平等因素。在第二阶段，从每所学校中随机抽取约 42 名 15 岁的学生参加评估。大多数国家/地区评估了 4000 名或 8000 名学生，同时，选择参加PISA评估的学生将获得抽样权重，以代表整个符合PISA资格的队列。在过去的 20 年中，PISA已成为全球比较各国教育成果的质量、教育公平和效率的主要标准，并且是教育改革的重要力量。PISA通过支持来帮助决策者降低政治行动的成本，但是，它也暴露了政策和实践领域不令人满意的问题，增加了不采取行动的政治成本。[①]

1.5.4 OECD 的教与学国际调查

OECD的教与学国际调查（Teaching and Learning International Survey，以下简称TALIS）是一项针对学校管理者、教师和学校学习环境的国际性大规模调查。OECD在PISA中发现，教师是所有影响学生发展的学校因素中最重要的因素。因此，OECD研发实施了TALIS项目，旨在通过对教师和校长的问卷调查，了解他们的工作条件、专业发展和学校环境，为各国提供可靠、及时和可比信息，从而为各国教师发展提供政策改进的依据和建议。TALIS通过对教师和校长的问卷调查来收集数据。其主要目标是得出针对学校管理者、教师以及和教学政策有关的国际性可比信息，重点放在影响学生学习的部分。它给学校管理者和教师以发言权，使他们能够参与关键领域的教育政策制定与实施。TALIS是参与国与经济体、经合组织、国际研究财团、教师工会，以及欧洲委员会之间的合作。TALIS在样本数量方面，每个国家抽选 200 所学校，每所学校抽取 20 名教师和 1 名校长。[②]它的三个主要受益者为决策者、教育从

① OECD. PISA 2018 Insights and Interpretations[EB/OL]. https://www.oecd.org/pisa/PISA%202018%20Insights%20and%20Interpretations%20FINAL%20PDF.pdf.

② OECD. TALIS 2018 Results (Volume II): Teachers and School Leaders as Valued Professionals [EB/OL]. https://www.oecd.org/education/talis-2018-results-volume-ii-19cf08df-en.htm.

业人员和研究人员。首先，TALIS帮助政策决策者审查和制定政策，以创造教师职业发展和有效教学的最佳条件。其次，它帮助学校管理者、教师以及教育利益相关者讨论和反思自身的非最佳教学方式，并找到改善方法。最后，TALIS以研究为基础，给研究人员未来的工作提供参考。TALIS的第一周期于2008年在24个国家和地区进行。2013年，第二个周期参与的国家和地区增加到30多个。2014年，又有4个国家和经济体参加，使第二个周期的总数达到38个。从2013年开始，TALIS扩大了范围，为参与者提供了对小学、高中以及参加了PISA 2012的学校，设计了一种被称为TALIS—PISA的调查，其目标人群为初中教师和主流学校的管理者。TALIS试图发现各国教师对学生学业进步和成长的贡献，发现各国政府在教师培养、教师政策方面的优势与劣势，并为各国提供可资借鉴的案例和经验。①

1.5.5 OECD学前教育质量监测系统

OECD新近发布《强势开端：学前教育质量监测系统》，对其成员国在学前教育机构质量监测、教师队伍质量监测和幼儿发展与表现监测等方面的举措和做法做了全面、系统的比较研究。当前，问责、干预、支持政府决策、为公众提供信息、改善教师表现是各国开展质量监测的主要目的。外部监测可以区分为由政府主导的督导评估和家长调查两种形式，内部监测一般以机构自我评价的方式开展。质量监测内容的确定既考虑数据可得性，也考虑指标对学前教育质量的可预测性。在学前教育机构质量的督导评估中，政府会重点考察其是否符合法定要求（偏重结构性质量），但目前也逐渐开始关注过程性质量。各国依据特定的目的匹配和选择一定的监测工具和方法，如对儿童发展与表现的质量监测多采用观察和描述性评价等方法，少采用标准化监测工具。②

① 张民选．PISA、TALIS与上海基础教育发展[J]. 外国中小学教育，2019(4): 1–9.

② 刘颖，李晓敏．OECD国家学前教育质量监测系统分析及其对我国的启示[J]. 学前教育研究，2016(3): 3–14.

1.5.6 OECD 成人技能调查

为了更全面地掌握不同年龄人群的能力和技能状况，继PISA测试之后，OECD策划、实施了成人技能调查。成人技能调查对16—65岁人群的阅读、数学以及运用信息通信技术解决问题的能力进行测评。被称为“成人的PISA”。2013年10月，OECD公布了成人技能调查首轮（2008—2013）测试结果——《OECD技能展望2013》（*OECD Skills Outlook 2013*），报告根据测评数据对成人能力进行了比较、分析，并向各参与国政府提出了政策建议。成人技能调查是OECD国际成人能力评估项目（Programme for the International Assessment of Adult Competencies，以下简称PIAAC）的核心组成部分，成人技能调查的核心测评内容为成年人在阅读、数学以及运用信息通信技术解决问题方面的能力，这些技能在成年人的工作、生活中起关键作用，是成年人参与劳动力市场的必要因素，同时也反映国家教育与培训体制是否合理。围绕核心内容，成人技能调查从三个方面实施测评：基本认知技能、通用工作技能和背景调查问卷。①针对工作场所运用的通用技能，PIAAC创建了12个指标，其中5个是信息处理能力指标：阅读，书写，计算，信息和通信技术技能，问题解决；7个是其他通用能力指标：任务决定权，在工作中学习，影响技能，合作技能，自我组织能力，敏捷性，体能（见表1–3）。

表1–3 PIAAC成人通用技能测量指标

能力	指标	小组的任务
信息处理能力	阅读	阅读文档（指示、说明书、信件、电子邮件、文章等）
	书写	写文档（信件、备忘录、电子表格、文章、报告等）
	计算	计算价格、成本或做预算；使用分数、小数或百分比；使用计算器；代数或公式；使用高等数学或统计学原理解决问题

① 徐静，刘宝存．“成人的PISA”：OECD成人技能调查研究[J]. 比较教育研究，2014(11): 30–35.

续 表

能力	指标	小组的任务
信息处理能力	信息和通信技术技能	使用电子邮件、互联网、电子表格、文字处理程序、编程语言；网上交易；参与线上讨论（会议、交流）
	问题解决	面对复杂问题的态度（至少花30分钟去寻找解决问题的方案）
其他通用能力	任务决定权	选择或改变工作任务的顺序、速度或时间；选择如何来做这项工作
	在工作中学习	从上级或同事那里学习新事物；边做边学；保持产品或服务的更新
	影响技能	指导、教学或培训；演讲或报告；销售产品或服务；劝导公众；帮他人规划活动；说服或影响他人；谈判
	合作能力	两人或多人一起工作
	自我组织能力	合理安排时间
	敏捷性	应变反应
	体能	长期体力劳动

针对关键信息处理能力和其他通用能力，PIAAC调查了读写、计算和解决问题能力的熟练度与一系列社会人口学特征——年龄、性别、社会经济背景、受教育程度、移民和语言背景，以及职业类型之间的关系。了解一个国家内不同群体的技术熟练程度分布情况，以及这些分布在不同国家的变化模式，有助于决策者厘清信息技能的国家政策和体制安排。此外，技术和技能是国民经济的基石，它们不仅关系到国家的整体经济表现，而且与个人在劳动力市场上的表现密切相关。然而，光有技能是不够的，为了实现增长，必须在工作中为国家和个人有效地运用技能。因此，PIAAC还评估了工作中各种各样的通用职业能力的运用情况，报告调查了成人关键信息处理能力与其掌握的通用技能在工作场所

的应用情况[①]。

1.5.7 联合国教科文组织的教育指标体系

联合国教科文组织（United Nations Educational, Scientific and Cultural Organization，以下简称UNESCO）的教育指标体系是目前世界上最权威、最具普遍性的指标体系之一。2000年以前，联合国教科文组织每两年发布一次《世界教育报告》（*World Education Report*），报告共五期，提供世界各国的教育数据和信息。报告的指标体系被称为"世界教育指标体系"（World Education Indicators, WEI），它根据CIPP模式（即决策导向或改良导向评价模式）构建，由背景评价（Context Evaluation）、输入评价（Input Evaluation）、过程评价（Process Evaluation）、结果评价（Product Evaluation）构成。2000年后，UNESCO统计研究所开始每年出版《全球教育概览》，每年都突出一个教育政策的特殊主题，并为教育改革提供政策建议。从其强调的政策来看，除了一些基本指标外，所采用的指标更加具体，对政策执行效果的评价更有针对性。例如联合国教科文组织《仁川宣言》，该宣言围绕"确保包容、公平的优质教育，促进全民享有终身学习机会"提供了一个由18项内容组成的监测指标框架。

1.5.8 HDI中的教育指标

HDI由联合国计划开发署在1990年首次出版的《人类发展报告》中提出。该报告是描述、预测和处理人类社会发展问题的系列性年度报告。该报告每年都围绕人类发展的一个重大问题进行讨论，并依据HDI来对各个国家的发展状况进行排序。HDI由三个基本要素构成：寿命、知识和生活水平。其中"知识"是一个教育要素，用成人识字率（三分之二权重）以及小学、中学和大学综合入学率（三分之一权重）两个指标来衡量。从技术上讲，之所以选择这两个指标，是因为它们具有基础

① 李盛聪，余婧，饶雨．国际成人能力评估项目的述评——基于OECD首次成人技能调查结果的分析[J]. 现代远程教育研究，2014(6): 12-25.

性、普适性和可测量性。基础性是指反映教育状况的这两个指标对于人类发展而言是根本的；普适性是指这两个指标对于世界上的所有国家都是适用的，从而可以作为一个普遍标准进行国际比较；可测量性则指这两个指标存在统计和数据基础，可以进行实际操作和具体分析。①

1.6 研究空间

从对教育竞争力的整体研究来看，在指标体系的构建方面，国际机构所引领的大规模社会调查相对影响力较强，在这方面也有相当长的研究历史，对于全球教育发展和各国教育政策走向已经产生了一定影响，其形成的各种类型的指标、问卷已颇具规模。并且各国、各地区也对教育竞争力有了一定认识，为提升自身国际影响力，在政策设计、资金投入、制度完善方面也进行了一定探索。整体上来说，国内外已有的研究为教育竞争力的研究提供了良好的理论和实践基础，但也存在以下不足：

关注“教育竞争力”内涵和特性的研究较少。从教育竞争力这一概念本身来看，相关研究多从企业管理领域或经济领域的“竞争力”概念出发，有关“教育竞争力”这一概念的研究较少，有关教育竞争力内涵的研究更是寥寥无几，对于概念的辨析和逻辑分析也相对匮乏，有待深入和完善。在定义的时候，更依赖于某一标准或参照，而非“教育竞争力”本身的概念；整体对教育竞争力的“元研究”相对匮乏；在当前已有的研究中，又依赖于指标等量化工具，尤其是在进行国际比较时，受各国、各地区统计口径和数据可获得性等因素的限制，和教育竞争力直接相关的数据信息相对不完善。此外，针对各大国际指标体系的介绍性文献较多，虽然也不乏对我国教育统计指标进行比较的研究，但主要以横向和介绍性比较为主，缺乏深入的分析与挖掘。尤其是忽视了教育指标

① 郅志辉．学校教育现代化指标研究[M]．长春：东北师范大学出版社，2008.

变迁与全球教育发展之间的关系。指标对教育的发展具有规定性和引导性，同样，教育的实际情况也影响着指标的设计与制定。然而，已有研究更多的是就指标研究指标，未能从教育大发展的整体背景中把握教育指标的构成和内容。

“教育竞争力”的研究深度和广度需进一步加强。当前我国教育正处于蓬勃发展的时期，在国际各大指标中的排名一直处于稳步提升的状态。在政策层面，全国教育大会的召开、《中国教育现代化 2035》的发布等，使我国教育发展的目标和方向产生了巨大变化，这就要求监测指标体系及方法的研究同步跟进。和国际教育竞争力指标相比，我国在教育监测的很多领域还处于初步探讨阶段：研究的深度和广度还远远不足，无法对教育发展起到强有力的支撑作用；很多研究仍停留在地区性试验和理论探讨方面，并未形成较多有影响力的教育评价指标；针对基础教育、职业教育的研究较少，针对具体区域或具体教育领域，尤其是高等教育的研究较多。而以高等教育为例，欧洲、美国等高等教育起步较早的地区，早已深入研究教育竞争力对于经济发展、社会进步的影响，并着手进行教育改革和推进。国内研究和实践则更重视高校排名本身的提升，较少涉及教育竞争力内部因素的分析，有影响力的实践也较少。此外，在国际比较方面，针对教育竞争力并未形成体系化、综合化的研究成果，缺乏对教育国际竞争力的全面认识，有待持续开展深度研究。

对提升教育竞争力的相关政策研究较少。从国际各大指标结果来看，不少国家和地区会参考教育竞争力的指标结果来进行教育改革，直接或间接调整相关教育政策。而在我国，整体对于相关政策工具的分析和研究非常少，停留在分析指标结果和进行国际比较层面的研究较多。投入大量人力物力、实施各种类型的教育测量，但无法深入推动教育改革、调整教育政策方针。教育竞争力作为国家竞争力的基础，对于国家整体竞争力的重要性毋庸置疑，而有关教育竞争力研究的最终指向也正是政策的调整及在教育实践中的落实。和指标制定、现状分析等教育竞争力研究相比，当前的研究对于政策的关注度相对较低，有关“如何提高教育竞争力”的问题并没有得到很好的回答。我国需要对国际相关教育政策进行深度梳理和分析，才能更好地引领当前的教育改革；需要将政策和实践的变化与教育竞争力的研究紧密结合起来，充分发挥教育竞争力研究的作用，促进我国教育实力和综合实力的提升。

第二章 中国现代化：人力资源与教育

21世纪是中华民族伟大复兴的世纪，同时也是中国现代教育发展、人力资源开发的黄金时期，中国现代化的重要任务之一就是通过指导教育发展、监测教育进程，以教育改革为先导，扎根中国大地办教育，推进中国特色社会主义教育现代化。其目标是全面开发世界上最丰富的人力资源，全面投资全体人民的人力资本，把教育大国建设成教育强国，把高等教育大国建设成高等教育强国，把文盲较多的人口大国建设成人力资源强国，把人才资源大国建设成人才资源强国，为全面建成社会主义现代化强国奠定人力资源和国民素质基础。

顾明远教授曾指出："教育现代化是以现代信息社会为基础，以先进教育观念为指导，运用先进信息技术的教育变革过程，是传统教育向现代教育转变的过程。"[①]中国教育的现代化不同于西方教育现代化，有着鲜明的中国基因和社会主义特色。一方面，它广泛吸收西方现代教育的精华，充分结合中国传统教育的优秀思想，继承和发扬中国优秀传统文化和教育思想。另一方面，中国特色的社会主义教育现代化是高效的、跨越式的教育现代化，体现了社会主义国家集中力量办大事的优越性。

---

① 顾明远．试论教育现代化的基本特征[J]. 教育研究，2012(9): 4–10, 26.

2.1 教育发展与人口现代化

占世界总人口约五分之一的全体中国人民不断经历现代化，具体表现为各种人力资本（受教育年限、技能经验、专业化程度和健康水平）不断提高，与主要发达国家（如美国）的人力资本相对差距迅速缩小，并成为世界上规模最大的人力资源国家。

在抗日战争和解放战争时期，毛泽东同志就认识到我国文盲问题的严重性，强调要开展扫除文盲运动，发展群众教育，发展小学教育。[①]1949 年的中国不仅是世界上人口最多的国家，更是世界上文盲、半文盲人口最多的国家。当时，中国的文盲、半文盲人口占总人口的比重为 80%；最重要的现代人力资本却极端贫乏，大学毕业生累计数只有 18.5 万人，这是从 20 世纪初以来发展现代高等教育的全部人力资本，只占全国总人口的 0.036%；中学毕业生为 400 万人，占总人口的 0.74%。根据测算，1949 年，中国 15 岁以上人群的平均受教育年限是 1 年。[②]当时的中国不仅人均收入远远低于发达国家，人均受教育年限反映的人力资本水平也远远低于发达国家（6.22 年），明显低于世界平均水平（3.17 年），甚至低于发展中国家（2.05 年）。1950 年，中国人口占世界总人口的 21.6%，但是总人力资本为 3.38 亿人年，仅占世界总数的 5.5%。[③]

中华人民共和国成立以后，把发展人民教育作为人民政府的一项重要工作。各级各类学校发展迅速，在校学生人数迅速增加，初等教育和中等教育入学率迅速提高。1978 年，我国取得了在中国教育发展史上具有重要意义的成绩：一是基本建立了门类齐全的教育体系。二是基本

① 1939 年 4 月 19 日，毛泽东为《新中华报》题词：为消灭文盲而斗争。1945 年 4 月，毛泽东在《论联合政府》中指出："从百分之八十的人口中扫除文盲，是新中国的一项重要工作。"

② 根据麦迪森的计算，中国的人均受教育年限是 1.6 年。而美国 1950 年的人均受教育年限是 11.27 年，法国是 9.58 年，德国是 10.4 年，日本是 9.11 年。Angus Maddison, 2007, Chinese Economic Performance in the Long Run, 960–2030 AD, Second Edition, Paris, OECD.

③ "总人力资本"是指 15—64 岁的人口数量与 15 岁以上人口平均受教育年限的乘积。

普及小学教育，从 1952 年到 1978 年，中国的学龄儿童入学率由 49.2% 上升到 95.9%。1978 年，中国各级学校在校学生人数占总人口的比重在中国历史上出现第一次波峰，这一次波峰的主要贡献来源于小学教育的全面普及，20 世纪 60 年代之后，初中入学率迅速提高，由于小学和初中学生规模大，加速了人力资本水平的提高。三是扫除大部分文盲、半文盲人口，大幅降低了文盲率，文盲人口由中华人民共和国成立之初的 4.32 亿人减少至 1964 年的 2.33 亿人，到 1982 年变化不大，为 2.3 亿人；成人文盲率由 1949 年的 80%迅速下降为 1964 年的 33.5%，到 1982 年又进一步降为 22.81%，是世界上文盲率下降最快的国家之一。四是 15 岁以上人口平均受教育年限明显提高，据测算，1960 年为 2 年，1970 年为 3.2 年，到 1978 年已经超过了 4 年，相当于 1949 年的 4 倍之多，也明显地高于印度（约 2.6 年）；总人力资本由 1949 年的 5.24 亿人年上升至 1982 年的 28.82 亿人年，增长了 4.5 倍，成为世界上总人力资本最大的国家，也为中国改革开放奠定了重要的人力资本基础。

1977 年，邓小平重新恢复了党和国家领导职务，他强烈地意识到中国要搞现代化就必须先抓教育和科技。他指出："我们要千方百计，在别的方面忍耐一些，甚至于牺牲一点速度，把教育问题解决好。"[①] 在提出社会主义现代化"三步走"战略时，邓小平认为第一步走就是发展教育和科学技术。他指出，实现现代化，科学技术是关键，基础在教育。他先后决定恢复高等教育入学考试，1978 年就招收了 40 万人；恢复招收研究生，1978 年就招收了 1 万人；建立学士、硕士、博士学位制度；公开选派出国留学生和进修生，1978 年就选派了 860 人。以上种种举措加快了高等教育的发展，为中国长远的人力资本积累奠定了重要的制度基础。在 20 世纪 80 年代，中国政府提出并迅速推进"普及九年义务教育"。1986 年 4 月 12 日，第六届全国人民代表大会第四次会议通

① 邓小平．邓小平文选（第三卷）[M]．北京：人民出版社，1993: 275.

过《中华人民共和国义务教育法》，为普及义务教育提供了具体的法律依据。

这一时期初中毛入学率迅速提高，属于初中教育驱动，同时小学入学率、学前毛入园率得到巩固。学前毛入园率从9.4%提高到37%；1990年，小学入学率达到97.8%，初中毛入学率也达到66.7%；2000年，初中毛入学率突破88.6%，2010年，初中毛入学率已达到100.1%。①

与此同时，高中教育和大学教育也在加快发展，对提高人力资本水平发挥了重要作用。1990年，高中阶段教育毛入学率只有21.9%，2000年突破42.8%，2010年增长至82.5%，到2019年进一步增长到89.5%。从高等教育发展来看，中国也是世界上高等教育发展最快的国家。1978年全国普通高校在校生人数为85.6万人，2000年上升到556万人，2010年为2231.8万人，2019年增长为3031.5万人，相当于1978年的35.4倍，高等教育毛入学率从不足1%提高到51.6%。

各级入学率的快速提高使得中国平均受教育年限与发达国家的差距迅速缩小。1960年时，中国的15岁以上人口平均受教育年限明显低于世界平均水平，仅为世界平均水平的二分之一，与发达国家平均水平相差70%；1980年之后，中国15岁以上人口平均受教育年限逐渐超过了世界平均水平，也高于发展中国家平均水平；1990年，中国15岁以上人口平均受教育年限达到了6.43年，2000年提高至7.83年，与发达国家平均水平的相对差距在明显缩小；2017年进一步提高至9.6年。②1985—2018年间，中国人力资本总量增长11.2倍，年均增长率

---

① 国家统计局. 中国统计摘要2020[M]. 北京：中国统计出版社，2020.

② 国家统计局. 沧桑巨变七十载 民族复兴铸辉煌——新中国成立70周年经济社会发展成就系列报告之一[EB/OL]. (2019-07-01). http://www.stats.gov.cn/ztjc/zthd/bwcxljsm/70znxc/201907/t20190701_1673373.html.

为 7.8%，[①]明显高于世界平均增长率。

从国际视角来看（表 2-1），1950 年以来，世界各国 15 岁以上人口的平均受教育年限从 3.17 年增加到 2010 年的 7.76 年，其中，发展中国家从 2.05 年增加到 7.09 年，发达国家从 6.22 年增加到 11.03 年。[②] 1960—2000 年间，中国人力资本年平均增长率为 3.48%，明显高于世界年平均增长率（0.94%）和发达国家年平均增长率（0.81%）。由此来看中国的人力资本水平变迁：中华人民共和国成立初期，15 岁以上人口平均受教育年限明显低于世界平均水平；20 世纪 80 年代初期，达到世界平均水平；2010 年，明显高于世界平均水平，与发达国家的相对差距明显缩小。

表2-1 15岁以上人口平均受教育年限国际比较（1950—2020）

单位：年

年份	世界	发达国家	发展中国家	中国
1950	3.17	6.22	2.05	1
1960	3.65	6.81	2.55	2
1970	4.45	7.74	3.39	3.2
1980	5.29	8.82	4.28	5.33
1990	6.09	9.56	5.22	6.43
2000	6.98	10.65	6.15	7.85
2010	7.76	11.03	7.09	9
2020	–	–	–	10.8

数据来源：Robert J. Barro, Jong-Wha Lee. A New Data Set of Educational Attainment in the World, 1950-2010. NBER Working Paper Series, http://www.nber.org/papers/w15902；中国 1980、1990、2000 年人口普查数据引自中国教育与人力资源问题报告课题组：《从人口大国迈向人力资源强国》，北京，高等教育出版社，2003；中国 1950—1970 年数据为作者估计，2010 年数据为“十二五”规划数据，2020 年数据为“十三五”规划数据。

① 中央财经大学人力资本与劳动经济研究中心 . 中国人力资本报告 2020 [R]. 北京 , 2020.

② Robert J. Barro, Jong-Wha Lee. A New Data Set of Educational Attainment in the World, 1950-2010. NBER Working Paper Series, http://www.nber.org/papers/w15902.

从人力资本角度来看，中国总人力资本飞速增长，不仅来自劳动年龄人口的增长，还来自人力资本水平明显提高。1950年，中国总人力资本为3.33亿人年，到1980年上升为31.22亿人年，这一时期的年平均增长率为7.7%，主要是因为1950年的起点太低，平均受教育年限只有1年。到2010年，中国总人力资本已达到98.96亿人年，相当于1980年的3.17倍，年平均增长率为3.9%，增速有所放缓一定程度上是因为1980年的平均受教育年限起点较高。可以说，中国已经成为世界人力资源大国，人力资本已成为中国最大的发展优势。从占世界的比重来看，1950年，中国总人力资本只占世界的6.9%，1980年达到24.1%，2010年进一步提高到27.3%，到2020年这一趋势还将继续提高到28.2%，中国通过人力资本的开发，在一定程度上抵消了人口下降带来的负面效应（见表2-2）。

表2-2 中国总人力资本及占世界比重（1950—2020）

	1950年	1960年	1980年	1990年	2000年	2010年	2020年
15—64岁人口（100万人）	332.94	366.61	585.73	756.64	864.73	999.57	996.04
占总人口比例（%）	61.2	56.3	59.5	64.9	67.5	73.5	69.5
平均受教育年限（年）	1	2	5.33	6.43	7.85	9.9	11
总人力资本（10亿人年）	0.333	0.733	3.122	4.865	6.788	9.896	10.956
占世界比重(%)	6.9	11.4	24.1	24.9	25	27.3	28.2

数据来源：人口数据来源于Population Division of the Department of Economic and Social Affairs of the United Nations Secretariat, World Population Prospects：The 2012 Revision, https://www.un.org/development/desa/pd/sites/www.un.org.development.desa.pd/files/files/documents/2020/Jan/un_2012_world_population_prospects-2012_revision_volume-ii-demographic-profiles.pdf；中国平均受教育年限系作者计算；世界平均受教育年限来源于Robert J. Barro, Jong-Wha Lee. A New Data Set of Educational Attainment in the World, 1950—2010. NBER Working Paper Series, http://www.nber.org/papers/w15902.

从国家战略角度来看，2010 年，我国制定出台《国家中长期教育改革和发展规划纲要（2010—2020 年）》（以下简称《教育规划纲要》），首次提出了到 2020 年的总目标：基本实现教育现代化，基本形成学习型社会，进入人力资源强国行列。明确提出了五大目标：实现更高水平的普及教育；形成惠及全民的公平教育；提供更加丰富的优质教育；构建体系完备的终身教育；健全充满活力的教育体制。《教育规划纲要》还专门设计了教育发展和人力资源开发的量化指标，充分体现了育人为本、促进人的全面发展的理念，不仅在中华人民共和国的历史上是首次，而且在当今世界也是独创。

从 2010 年《教育规划纲要》的实施来看，到 2015 年教育发展和人力资源开发的五大目标已经提前完成，其中学前教育毛入园率已远超 2020 年目标，高等教育毛入学率已达到 2020 年目标，九年义务教育巩固率接近 2020 年目标。到 2019 年，学前教育毛入园率和高等教育毛入学率已远超 2020 年目标，九年义务教育巩固率以及高中阶段教育毛入学率也已接近 2020 年目标（见表 2–3）。这表明，我国在实现教育现代化、构建学习型社会、开发人力资源方面已迈上新台阶，为实现 2020 年总目标提供了更坚实的基础、更好的条件。

表2–3 教育发展和人力资源开发主要指标完成情况（2009—2020）

单位：%

指标	2009 年	2014 年	2015 年	2019 年	《教育规划纲要》的规划目标	
					2015 年	2020 年
学前教育毛入园率	50.9	70.5	75	83.4	60	70
九年义务教育巩固率	90.8	92.6	93	94.8	93	95
高中阶段教育毛入学率	79.2	86.5	87	89.5	87	90

续 表

指标	2009 年	2014 年	2015 年	2019 年	《教育规划纲要》的规划目标	
					2015 年	2020 年
高等教育毛入学率	24.2	37.5	40	51.6	36	40
主要劳动年龄人口受过高等教育的比例	9.9	15.8	–	–	15	20

数据来源:《中国统计摘要 2020》，北京，中国统计出版社，2020 年；人民日报:《我国高等教育毛入学率达 40% 提前实现纲要目标》，2016 年 1 月 15 日电；部分数据由教育部有关部门提供。

国家现代化归根结底是人的现代化，而人的现代化要通过教育来实现。[①]教育现代化最大的红利就是提高 2.82 亿在校生的人力资本水平。我国实施优先发展教育战略，各级毛入学率已经达到或超过中高收入国家水平（见表 2-4）。

第一，我国学前教育毛入园率已高于中高收入国家的平均水平。全国幼儿园在园人数从 2009 年的 2658 万人到 2019 年的 4713.9 万人，增长了 77.3%；学前教育毛入园率从 2009 年的 50.9% 提高到 83.4%，提高了 32.5 个百分点，高于中高收入国家水平。特别需要指出的是，儿童早期教育对塑造人的能力起着关键性的作用。联合国开发计划署《2014 年人类发展报告》的研究表明，在儿童早期发展阶段进行人力资本投资，对于人生的未来发展显得至关重要。最具成效的投资，就是促进幼儿教育。[②]卓越的幼儿教育比财富更加重要，将十分有助于促进国家经济发展战略的实施。联合国儿童基金会驻华代表处麦吉莲女士认为，中国政府把学前教育作为优先发展的重要领域，表明中国朝着消除

① 褚宏启．教育现代化的本质与评价——我们需要什么样的教育现代化 [J]. 教育研究，2013(11):4–10.

② 联合国开发计划署．2014 年人类发展报告 [R], 2014.

贫困的代际传递、实现联合国千年发展目标迈出了重要一步。

第二，初中阶段教育毛入学率已达到发达国家先进水平。2015年，我国九年义务教育巩固率达到93%，在全球上亿人口发展大国（九个）中率先实现全民教育；2019年，九年义务教育巩固率达到94.8%。

第三，高中阶段教育毛入学率大大超过中高收入国家的平均水平。我国高中阶段毛入学率从2009年的79.2%提高至2015年的87%，比中高收入国家平均水平（2012年为76%）高出11个百分点；2019年，我国高中阶段毛入学率达到89.5%[①]，接近高收入国家平均水平。

第四，高等教育毛入学率已高于中高收入国家平均水平。高等教育毛入学率从2009年的24.2%提高至2015年的40%，比中高收入国家水平（2012年为34%）高出6个百分点；2019年，我国高等教育毛入学率达到51.6%，远超中高收入国家水平。

表2-4 各级教育毛入学率国际比较

单位：%

国家/国家分组	学前教育毛入园率	高中阶段教育毛入学率	高等教育毛入学率
中国（2009）	50.9	79.2	24.2
中国（2015）	75	87	40
中国（2019）	83.4	89.5	51.6
世界	53.7	60	32
高收入国家	86	99	75
中高收入国家	69	76	34
中低收入国家	50	52	23

数据来源：《中国统计摘要2020》，北京，中国统计出版社，2020年；人民日报：《我国高等教育毛入学率达40% 提前实现纲要目标》，2016年1月15日电；世界学前教育毛入园率为2012年联合国教科文统计所（UIS）数据，其余数据为2012年世界银行公布数据。

① 国家统计局．中国统计摘要2020[M]. 北京：中国统计出版社，2020.

从国际比较看，中国正处于教育现代化加速发展的“黄金时期”，2009年，我国学前教育毛入园率、高等教育毛入学率仅相当于中低收入国家水平，但2015年超过中高收入国家水平。截至目前，中国的教育水平相对位置既高于比中国的经济发展水平高的上中等收入国家，还高于中高收入国家的教育平均水平，充分反映了教育优先发展的发展逻辑，不仅为韩国等新兴国家成为发达国家所证明，而且为中国成为现代化国家奠定教育基础，为成为中等发达国家奠定人力资本基础所证明。

此外，中国高等教育开始实施“走出去”战略。对于教育“走出去”的战略意义，徐晓林等曾归纳为以下几点：传承传统文化，维护中国文化地位；弘扬中国特色的政治价值，确保核心价值安全；掌握教育主权，确保国家文化主权；提升学术研究自主性，掌握文化评价话语权；培育教育生产力，提升文化竞争力；改善国际文化生态，塑造国际文化新秩序。[①]开放式地发展教育特别是发展高等教育，是中国走向世界的重要桥梁，也是中国影响世界的重要软实力。

教育不仅要“走出去”，还要“引进来”。在吸引海外留学生方面，根据教育部统计：1950年，我国接收了第一批来自东欧国家的33名留学生；改革开放以后，来华留学工作进入了一个新的发展时期；2010年，全年在华学习的外国留学人员总数首次突破26万，其中，来自亚洲的留学生占来华留学生总数的66.32%，排名第一。欧洲、美洲、非洲、大洋洲分列二至五位。来华留学生人数名列前十的国家是韩国、美国、日本、泰国、越南、俄罗斯、印度尼西亚、印度、哈萨克斯坦和巴基斯坦。中国已经成为亚洲地区最大的海外留学生吸收国之一。当中国高等教育在校生数大大超过美国等发达国家之后，在吸引外国留学生方面，中国还有巨大的发展潜力和空间。数据显示，外国来华留学生数

① 徐晓林，吕殿学，朱国伟．文化安全视野下的中国教育“走出去”战略[J]. 马克思主义研究，2012(1):114–122.

从 1996 年的 4 万人增至 2018 年的 49.2 万人，22 年的时间增加了 45.2 万人，外国在美留学生数与外国来华留学生数比例也从 1995 年的 11∶1 降到 2018 年的 2.2∶1。根据估计，到 2020 年，外国来华留学生数将超过 50 万人，[①]到 2030 年将达到 72 万人，中美差异将下降到 1.3∶1 左右。中国将成为世界最大的留学生市场。同时，从 1978 年到 2018 年底，我国各类出国留学人员总数达 585.71 万人，共有 365.15 万留学人员学成后选择回国发展，且出国留学人员归国比率明显呈逐年升高趋势，预计到 2030 年，这一趋势将持续下去（见表 2–5）。这为中国教育现代化赶超美国创造了有利条件。

表2–5 外国来华、外国在美留学生人数情况（1978—2030）

年份	出国留学人员数（人）	学成归国人员数（人）	归国率（%）	外国来华留学生数（人）	外国在美留学生数（人）	美 / 中
1978	860	248	28.8	1236	—	
1980	2124	162	7.6	—	286340	
1985	4888	1424	29.1	—	342110	
1990	2950	1593	54	—	386850	
1995	20381	5750	28.2	41211	452635	11∶1
2000	38989	9121	23.4	52150	514723	9.9∶1
2005	118515	34987	29.5	141087	565039	4∶1
2010	284700	134800	47.3	265090	690923	2.6∶1
2013	413900	353500	85.4	356499	723249[a]	2∶1
2018	662100	519400	78.4	492185	1094792	2.2∶1
2020	—	—	—	500757	781857	1.6∶1

① 教育部提出到 2020 年使我国成为亚洲最大的留学目的地国家，留学人员数达到 50 万人次。人民网，北京电，2010 年 9 月 28 日。

续 表

年份	出国留学人员数（人）	学成归国人员数（人）	归国率（%）	外国来华留学生数（人）	外国在美留学生数（人）	美/中
2030	—	—	—	719607	909535	1.3:1

数据来源:《中国统计摘要2020》，北京，中国统计出版社，2020年；外国来华留学生人数数据来源于教育部；2020年与2030年数据系作者估算；a系2011年数据。

回顾历史，中国大约用了70多年时间，完成了从人口大国向人力资源大国的根本转变，完成了从传统人力资源大国向现代人力资源大国的历史性转变，实现了从文盲充斥、愚昧落后的人口大国向名副其实的世界人力资源和人才资源大国的跨越式转变。2020年，中国15岁以上人口平均受教育年限达到11年左右，与2005年OECD国家人口平均受教育年限（11.5年）相差0.5年；15—64岁人口将近10亿人，总人力资本达到约109.56亿人年，相当于1950年的32.9倍。中国走出了一条支出少、产出大、成本低的教育现代化道路，在较低人均收入水平和较低公共教育投入的情况下率先实现跨越式发展。

这也说明，中国特色的教育现代化不同于西方教育现代化，更具有社会主义因素和中国教育特色因素，这是一个既追赶又超越西方教育现代化的过程。从社会主义因素看，充分体现了社会主义国家集中力量办教育大事的优越性，既可以在比美国人均收入水平和人均公共教育投入低得多的情况下，实现教育的跨越式发展，又可以在比美国城乡差距、地区差距大得多的情况下加速实现教育公平、教育平等，并使教育现代化要素普及全体人民，教育现代化成果惠及全体人民。从教育特色因素看，中国不仅可以广泛吸取西方现代教育的精华，“洋为中用”，使教育更加现代化，还可以充分结合中国传统教育的优秀思想，继承和发扬中国优秀传统文化和教育思想，“古为今用”，使教育成为中华民族伟大复兴的推动力和重要标志。

需要注意的是，中国总体上还远未实现现代化目标，中国人均收入只达到世界上中等收入水平，服务业增加值比重和就业比重也不够高，城市化率还只有60%以上。与此同时，我国仍处在社会主义初级阶段，老年人口比重不断上升，规模庞大且负担越来越重，这就决定了2020年所实现的教育现代化还是较低水平的教育现代化，还是较不平衡的教育现代化，与美国的教育现代化水平仍有差距。

2.2 中长期趋势对教育现代化的主要影响

习近平总书记在党的十九大报告中庄严宣告："经过长期努力，中国特色社会主义进入了新时代，这是我国发展新的历史方位。""这个新时代，是承前启后、继往开来、在新的历史条件下继续夺取中国特色社会主义伟大胜利的时代，是决胜全面建成小康社会、进而全面建设社会主义现代化强国的时代，是全国各族人民团结奋斗、不断创造美好生活、逐步实现全体人民共同富裕的时代，是全体中华儿女勠力同心、奋力实现中华民族伟大复兴中国梦的时代，是我国日益走近世界舞台中央、不断为人类作出更大贡献的时代。"①我国已经迈入新的历史阶段，已经进入上中等收入水平阶段和高人类发展水平阶段，开始向高收入水平、极高人类发展水平迈进，极大地推动了中国特色社会主义现代化的历史进程，必然实现理论上的创新与飞跃。这就突出表现为由邓小平同志提出的"以经济建设为中心"到"以人民为中心"的升级与飞跃，这就是习近平同志所提出的"以人民为中心"发展思想。②③

1983年10月1日，邓小平在给北京景山学校的题词中写道："教

① 习近平．决胜全面建成小康社会 夺取新时代中国特色社会主义伟大胜利——在中国共产党第十九次全国代表大会上的报告[N]. 人民日报，2017-10-28.

② 习近平．决胜全面建成小康社会 夺取新时代中国特色社会主义伟大胜利——在中国共产党第十九次全国代表大会上的报告[N]. 人民日报，2017-10-28.

③ 中共中央文献研究室，以新的发展理念引领发展，夺取全面建成小康社会决胜阶段的伟大胜利(2015年10月29日)，十八大以来重要文献选编（中）[M]，北京：中央文献出版社，2016: 832.

育要面向现代化，面向世界，面向未来。”“教育要面向现代化”是“三个面向”教育思想的基础与核心，“面向世界”“面向未来”则是主张在此基础上吸收、借鉴世界发达国家先进的科学技术和成功的教育经验，把握未来社会的发展动态和世界教育的未来发展趋势。[①]邓小平“三个面向”的战略思想，为中国教育的发展指明了方向。改革开放以来，我国教育工作经历了三次国家发展战略，从 1995 年的科教兴国战略，到 2002 年的人才强国战略、创新驱动发展战略，再到 2018 年底中共中央、国务院印发的《中国教育现代化 2035》进一步提出推进教育现代化总体目标：到 2020 年，全面实现“十三五”发展目标，教育总体实力和国际影响力显著增强，劳动年龄人口平均受教育年限明显增加，教育现代化取得重要进展，为全面建成小康社会做出重要贡献。在此基础上，再经过 15 年努力，到 2035 年，总体实现教育现代化，迈入教育强国行列，推动我国成为学习大国、人力资源强国和人才强国，为到 21 世纪中叶建成富强民主文明和谐美丽的社会主义现代化强国奠定坚实基础。2035 年主要发展目标是：建成服务全民终身学习的现代教育体系，普及有质量的学前教育，实现优质均衡的义务教育，全面普及高中阶段教育，职业教育服务能力显著提升，高等教育竞争力明显提升，残疾儿童少年享有适合的教育，形成全社会共同参与的教育治理新格局。《中国教育现代化 2035》遵循并实践了联合国教科文组织“教育规划”思想的基本原则[②]，基于中国教育发展已有的经验和基础，直面中国教育所面临的挑战，提出了未来 15 年切实可行的发展目标，指明了中国教育未来发展的基本方向和宏伟蓝图，即实现教育现代化的目标。[③]教育在国

---

① 史秋衡．教育率先现代化：实现国家现代化的必然选择——纪念邓小平“三个面向”题词 30 周年 [J]. 教育研究，2013(9):4-11, 32.

② 曾文婕，郭佳佳，黄甫全．培育全民的创造力与责任心——联合国教科文组织《中期教育战略 (2014-2021)》价值取向解析 [J]. 现代远程教育研究，2017(6): 20-27, 36.

③ 顾明远，滕珺．《中国教育现代化 2035》与全球可持续发展教育目标实现 [J]. 比较教育研究，2019(5): 3-9, 35.

计民生的战略地位不断提升，将为中国人类发展奇迹做出更大贡献。[①]展望2035中国教育现代化，需要适时分析经济社会发展大趋势，以适应并引领全面现代化；需要明确教育现代化的积极作用，以充分破解发展的难题；需要满足人的全面发展需求，以服务于人的现代化。

2.2.1 中长期经济社会总趋势

(1)经济强国

未来15年，中国仍处在经济起飞过程中，但已经进入经济发展新常态，这是我国经济发展历程中的一个重要阶段。在新常态下，我国经济发展的主要特点是：增长速度从高速转向中高速，发展方式从规模速度型转向质量效益型，经济结构调整从主要依靠增量扩能转向调整存量、做优增量并举，发展动力从主要依靠资源和低成本劳动力等要素投入转向创新驱动，产业结构升级从工业主导到服务业主导。从2015年到2019年，中国经济增长率保持在6%以上；从2020年到2035年，中国经济增长率有望保持在5.3%以上。到2035年，GDP总量将达到160万亿元(2015年人民币)，相当于43万亿美元，相当于2015年GDP的2.33倍，占世界比重也将提高至25%以上。同时，中国人均GDP持续增长，迈向高收入阶段。[②]按购买力平价(2017价格)计算，我国人均国内生产总值从2000年的3452国际元上升至2019年的16117国际元，是2000年的4.67倍，相当于美国人均水平从2000年的6.9%提高至2019年的25.7%。预计到2035年，我国人均GDP将达到33000左右国际元，相当于美国人均水平从2019年的25%上升至2035年的41%左右，这是我国达到中等发达国家水平的重要标志，也是我国基本实现现代化的重要经济标志之一，更是基本实现"五位一体"社会主义

① 胡鞍钢，王洪川．中国人类发展奇迹(1950—2030)[J]. 清华大学学报(哲学社会科学版)，2017, 32(2): 148-157, 199.

② 这里我们没有采用世界银行不同收入组的标准，该标准是根据美元现价不断调整的，为此我们采用了对照美国人均GDP水平的指标，以反映与世界发展水平前沿之间的相对差距。

现代化最重要的经济基础。中国经济能够保持中高速增长，仍然是一个充满活力和创造力的经济体，这需要具有许多重要的基础性条件。[①]其中最重要的条件就是中国仍然能够保持相对较高的劳动生产率增长率，主要动力是劳动力平均受教育年限持续提高，人力资本更加丰富，劳动力人均物质资本水平大幅度提高。

（2）创新强国

我国进入创新驱动发展新阶段，科技发展正在进入由量的增长向质的提升的跃升期，正在重要领域实现跨越发展、某些领域实现引领发展。世界知识产权组织（World Intellectual Property Organization，以下简称WIPO）2019年评估显示，我国创新指数位居世界第14位，成功进入世界创新型国家行列，[②]全社会研发经费强度达到2.19%；重点领域和关键环节核心技术取得重大突破，自主创新能力全面增强，发明专利申请量和授权量持续保持世界首位，取得一大批在世界具有重大影响的原创性科技成果；全要素生产率（Total Factor Productivity，以下简称TFP）明显提高，科技进步贡献率达到59.5%。预计到2035年，我国将进入世界创新型国家前列，建成世界创新型强国，整体科技实力显著增强，主要科技指标位居世界前列，研究与试验发展（Research and Development，以下简称R&D）经费支出占GDP比重达到2.8%—3%，研究资本全面超过美国，累计研发资本存量达到美国的1.35倍左右（扣掉折旧），研发人力资本达到美国的5倍以上，形成一批世界前沿水平的国家科学中心和技术创新中心。

---

① 安格斯·麦迪森．中国经济的长期表现：公元960—2030年（中文版）[M]. 北京：北京大学出版社，2008: 108.

② 中华人民共和国中央人民政府网．我国迈入创新型国家行列 [EB/OL]. (2020-05-20). http://www.gov.cn/xinwen/2020-05/20/content_5513139.htm.

（3）人才强国

人力资源是中国最重要的国家战略资源。人才、人力成为中国最大的优质资源，在未来十余年的时间里，中国将成为世界最大的企业家和创业者王国，继续创造“中国奇迹”。中央组织部会同人力资源社会保障部、国家统计局组织开展的2015年度全国人才资源统计数据显示：2015年全国人才资源总量达1.75亿人，人才资源总量占人力资源总量的比例达15.5%，基本实现2020年1.8亿人、16%的规划目标。每万劳动力中研发人员达48.5人年，比2010年增长14.9人年，超出2020年规划目标5.5人年。2020年，我国人才资源总量将达到1.8亿—2亿人，从事研发全时当量超过550万人年，每万劳动力中研发人员达到近70人年，高技能人才占技能劳动者比例达到约三分之一，主要劳动年龄人口受过高等教育的比重达到22%，人力资本投资占GDP比重超过14%。到2035年，我国将建成世界人力资源强国，人才资源总量达到2.7亿人，从事研发全时当量超过1000万人年，每万劳动力中研发人员达到100人年；高技能人才占技能劳动者比例超过36%；主要劳动年龄人口受过高等教育的比重超过三分之一；人力资本投资占GDP比重超过17%。

（4）共同富裕的社会

未来十几年，城乡居民人均收入持续增长，年均增速在5.5%—6%之间；恩格尔系数持续下降，城市和乡村居民比例到2035年分别降至22%和24%，属于更富裕型社会；城乡居民人均住房面积在40平方米左右，总住房面积约在580亿平方米。中国进入“移动时代”，城乡居民家庭汽车进入基本普及阶段；居民生活质量不断提高，基本公共服务更加可及，基本社会保障人口全覆盖，困难人群低保兜底。国内旅游人次将从2015年的40亿人次上升至2035年的125亿人次，人均旅游次数将从2015年的2.91次提高到2035年的8.64次，相当于提高了近3倍，旅游业将成为中国最大的服务产业之一；出境旅游将达到2亿人次以上；进入大众消费、多样化个性化消费时代，也进入“大移动”时代；城乡居民的消费结构发生巨大变化，在教育、健康等相关领域，私人支出将呈爆炸性增长。

2.2.2 新理念引领教育激活全面现代化

十年树木，百年树人，教育现代化必须以面向未来的新理念为引领。习近平总书记指出：“中国将坚定实施科教兴国战略，始终把教育摆在优先发展的战略位置。”[①]教育优先发展是推进现代化建设的战略选择。[②]目前，我国教育总体发展水平已进入世界中上行列，进入提高质量、优化结构、促进公平的新阶段。在新成就、新形势和新趋势下，以创新、协调、绿色、开放、共享的新发展理念引领教育现代化，以全面提高教育质量为主题，以教育结构性改革作为主线。这意味着我国已经迈入了教育现代化的快车道。教育现代化将全面支撑国家中长期发展，为人才强国战略（2002年）、文化强国战略（2011年）、创新驱动发展战略（2012年）、中国教育现代化2035（2019年）提供基础性、全局性、先导性支撑，是中国现代化的基础工程。教育现代化的提出，也体现了国家战略不断向纵深发展，不断在人这一根本要素上做好文章、做大文章，中国社会主义现代化的本质是人的现代化，教育是人的现代化最核心的要素。未来十几年是推动我国教育质量、教育结构、教育公平进入新发展阶段的关键时期，教育现代化将为实现“第二个百年目标”奠定人才基础、产业基础、劳动生产率基础和共同富裕基础。

（1）人才是高质量发展的第一资源

在知识经济时代，人才是最重要的战略资源，对经济的拉动作用愈

① 习近平．习近平谈治国理政[M]. 北京：外文出版社，2014: 191.
② 曾天山．教育优先发展是实现现代化的根本大计[J]. 教育研究，2008(11): 45-50.

发明显。[1]未来时期中国面临两大挑战：一是迅速少子化，0—14岁人口因生育政策放开有短期的增长，从2015年的2.22亿人上升至2019年的2.35亿人，2020年预计2.42亿人，而后则持续下降，与此同时，0—14岁人口比重持续下降，2019年0—14岁人口占比降至16.8%，2035年将降至14.8%。二是迅速老龄化，65岁及以上人口从2010年的1.44亿人上升至2019年底的1.76亿人，2035年将达到2.5亿人。从人口结构来看，中国劳动年龄人口比例下降，受教育总人口呈持续下降趋势，然而，随着学前教育、高中教育、高等教育的普及，将人口红利下降的劣势转化为人才红利不断上升的优势，教育将为经济社会发展塑造新一轮的人力资源红利和人才红利。教育现代化将人才、人力打造成中国最大的优质资源，是劳动力素质提升和人力资源开发的主要途径，是建设人力资源强国、保持我国“人力资源红利”和“人才红利”的基本手段，由此延伸产生的创业红利，将在极短的时间内缔造世界最大的企业家和创业者王国，继续创造“中国奇迹”。

（2）知识经济成为支柱产业

中国经济发展动力将从主要依靠资源和低成本劳动力等要素投入转向创新驱动，产业结构升级从工业主导到服务业主导，进入后工业化时代。第一产业、第二产业增加值占GDP比重继续下降，第三产业的比重持续上升，从过度工业化到适度工业化，从滞后性服务业化到适应性服务业化，产业结构不断优化升级。在经济结构转型过程中，知识经济将成为我国的主要产业之一。目前我国知识密集和高技术产业增加值已占25%，到2020年这一比重将提高至30%，到2035年将达到35%，与欧盟、日本大体相当，与美国相对差距进一步缩小，这也标志着中国由物质要素（资源、劳动力、资本）投入为主的经济体转变为由知识要素、创新要素投入为主的经济体。知识经济是建立在知识的生产、分配

① 胡瑞文，杜晓利．人才是增强国家竞争力的根本[J]. 前线，2005(12): 27–28.

和使用之上的经济。知识经济进一步凸显了科技创新对于经济发展的重要性，要求教育把培养人才放在突出甚至首要位置。[①]教育事业与相关产业等将进入高速增长阶段，将成为我国重要的支柱产业。此外，教育本身就是最大的服务业，还是知识密集、智力密集、人才密集的最大产业和事业。中国还是世界上最大的教育市场和留学市场，提供了巨大的发展机遇和空间。教育服务业发展将成为现代服务业的重要组成部分和增长点，为金融、物流、信息等其他生产性服务业的发展提供高素质的劳动力基础。

（3）全面提高劳动生产率迫在眉睫

劳动生产率反映一国全部就业人员的平均生产效率。它主要受劳动者的整体素质、教育背景、技能水平等因素的影响。其中教育发挥至关重要的作用，只有通过教育现代化，普遍提高劳动者素质，才能促进劳动生产率不断提高。国家“十三五”规划明确指出，劳动年龄人口平均受教育年限从 10.23 年提高至 10.8 年，以抵消人口红利下降的不利影响，为保持较高的劳动生产率增长率提供支撑。同时，劳动生产率还是中国追赶美国的基本途径之一。它反映了科技进步和创新驱动的重要作用。[②]根据计算，2015 年中国劳动生产率（用购买力平价法计算，2011 年国际美元）与美国的追赶系数为 21.62%，中国仍具有持续追赶的后发优势，加之科技进步的贡献不断提高，预计到 2035 年追赶系数将上升到 50%，到 2050 年进一步提高至 68.8%，这表明随着教育现代化不断深入，中美劳动生产率相对差距将不断缩小，未来中国经济发展将主要依靠教育现代化、科技进步和全面创新。

---

① 褚宏启 . 核心素养的国际视野与中国立场——21 世纪中国的国民素质提升与教育目标转型 [J]. 教育研究 , 2016, 37(11): 8–18.

② 全国人大财政经济委员会 , 国家发展和改革委员会 .《中华人民共和国国民经济和社会发展第十三个五年规划纲要》解释材料 [M]. 北京 : 中国计划出版社 , 2016: 20.

（4）破解不平等，跨越中等收入陷阱

破解不平等将是公共政策面临的核心挑战。教育公平是实现公平共享发展的基本要求，是实现人民平等享有发展机会的制度基础，是实现共享发展的先导。全面提升教育共享水平是教育现代化的重中之重。此外，“扶贫先扶智”“扶贫必扶智”，教育在精准扶贫、精准脱贫的攻坚战中占据基础、先导地位，发挥决定性、根本性作用。教育支持脱贫是扶贫的重要路径，[①]可以很大程度上避免“返贫”现象，有效阻断贫困代际传递。教育扶贫的直接目标是小康社会，终极目标是教育现代化，在某些层面上教育扶贫与教育现代化的目标可以精准对接，使农村教育实现跨越式发展，从而实现全面现代化。[②]藏富于民的前提，是藏智于民。只有建立更加公平可及的教育现代化体系，保障贫困和低保人群接入教育基本公共服务的合法权益，才能真正实现共同富裕；只有不遗余力地促进教育公平，实现基本公共教育服务均等化，城乡基本教育公共服务一体化，才能使物质发展成果最大程度转化为人的全面发展，让每个人都有人生出彩的机会。[③]从而促使全体居民家庭福祉普遍提高，生活质量不断提高，并将极大助力我国在 2025 年前后成功跨越“中等收入陷阱”，迈向高收入阶段。

2.2.3 经济强国是教育现代化有力保障

在马克思和恩格斯看来，物质生活资料的生产是人类社会存在和发展的基础，教育的发展，归根到底也要受社会生产力的制约；同时，教育对社会生产也有重要作用，教育是劳动力生产和再生产的重要手段，是科学知识转化为现实生产力的重要手段，是科学知识进行再生产的重

---

① 燕继荣 . 反贫困与国家治理——中国“脱贫攻坚”的创新意义 [J]. 管理世界 , 2020, 36(4): 209-220.

② 郝文武 . 农村教育现代化与教育精准扶贫的精准对接 [J]. 教育与经济 , 2020, 36(4): 3-8.

③ 人民网 . 习近平的教育观：让每个人都有人生出彩机会 [EB/OL]. (2016-02-20). http://edu.people.com.cn/n1/2016/0220/c1006-28136290.html.

要场所。[①]我们对中国的未来充满信心，但必须清醒意识到现代化进程中的挑战日益复杂。由于工业化、城镇化、人口老龄化进入新的发展阶段，由于中国经济进入提质增效的新旧动能转换期，由于新一轮科技革命创新驱动蓄势待发，我们不仅面对着发展中国家面临的现代化障碍，如劳动生产率总体处于较低水平；也面对着发达国家现代化难题，如人口红利进入下降期。因此，推进教育现代化是促进中国经济持续健康发展的关键路径，只有推动教育现代化不断深入，才能将不利因素转化为有利因素，将发展挑战转变为发展机遇，将增长之困、之难化为增长动力，才能推动中国从经济大国走向经济强国，从科技大国走向科技强国，从人力资源大国走向人力资源强国，从人才大国走向人才强国。应当说，中国中长期发展趋势，为教育现代化提出了明确的历史任务，中国将进入全面收获教育现代化红利的黄金期，教育现代化成为促进中国经济发展、社会进步的重要支撑。[②]同时，中国中长期发展趋势，也为教育现代化提供了有力的物质保障。

公共教育投入不足且增速较慢是21世纪初我国教育竞争力，特别是高等教育竞争力落后于发达国家的原因之一。[③]如何大幅度提高对教育的投入，取决于几个主要因素：一是经济总量增长，其规模越大，可用于教育的投入规模随之增长，并呈高增长弹性；二是国家财政收入增长，其规模越大，可用于教育的支出规模随之增长，且占GDP比重不断提高；三是城乡居民收入增长，其规模越大，可用于教育的支出规模随之增长。这些因素都有助于大幅度提高全社会的教育总经费支出，使其占GDP比重随之提高。中长期经济社会国情不仅为教育现代化指明

① 中共中央马克思恩格斯列宁斯大林著作编译局．马克思恩格斯全集 [M]. 北京：人民出版社，2006.

② 胡鞍钢，王洪川．中国教育现代化：全面释放巨大红利 [J]. 清华大学教育研究，2016, 37(4): 1–8.

③ 赵中建，肖玉敏．我国教育的国际地位与竞争力——基于相关数据与国家竞争力报告的分析 [J]. 教育发展研究，2009(9): 1–4.

了前进的方向，而且为教育现代化发展提供了坚实的物质保障。其中的最重要方面就是资金保障，包括国家教育经费保障（始终保持在GDP占比4个百分点或以上），以及社会教育支出保障（教育费用呈高增长弹性），具体体现为人均教育财政性经费、人均教育总支出双提高。

其中，最具教育投入潜力的是来自家庭、个人和企业、社会的投入，因为教育投入回报率随着劳动力市场竞争消除各类扭曲之后会不断提高，尤其是私人回报率会不断提高。这些个人、家庭、企业都有动机投入教育，其中最典型的例子是家庭资助子女出国留学，形成巨大的服务贸易逆差。家庭（私人）的教育支出随着收入提高呈高增长趋势。主要原因是教育属于高增长弹性部门（即弹性系数大于1），经济增长1个百分点，教育经费支出增长1.3个百分点。随着高收入阶段的进入，私人消费用于教育的支出也呈现高增长弹性，即收入增长1个百分点，私人教育支出增长大于1个百分点。

因此，随着经济总量的大幅度提高，无论是国家财政性经费还是教育总经费都会大幅度提高。无论是政府购买还是私人购买教育服务的需求，都会进一步增加。随着人均收入水平提高，无论是国家还是家庭个人，支付教育的能力在不断增强。此外，教育人口增长速度减缓甚至趋于“零”增长（正负小于0.2%），这是教育人口人均经费支出大幅度上升的直接原因。这为提高教育质量奠定了重要的财政支出与私人支出的基础，为实现教育现代化提供了最重要的投入保障。需要说明的是，以上数据都是按照2015年价格计算，如果考虑到现价变动，GDP总量、教育总经费、国家财政性教育经费还会更高。[①]但是，相对指标如教育总经费占GDP比重、国家财政性经费占GDP比重仍呈上升趋势。

---

① 按美元现价计算，2000年中国人均GDP为930美元，到2015年上升为7924美元，年均增长为15.1%；按人民币现价计算，则从7902元上升至49351元，年平均增长率为13%；若按不变价格计算，仅为9%，即相对美元现价计算，高出6.1个百分点，相对人民币现价计算，高出4个百分点。计算数据来源：世界银行数据库。http://data.worldbank.org/，采集时间为2017年5月。

2.3 中国现代化教育红利

2.3.1 教育现代化释放人力资源红利、人才红利

世间一切事物中，人是第一个可宝贵的。[①]一切创新成果都是人做出来的。“中国这么多人，教育上去了，将来人才就会像井喷一样涌现出来。这是最有竞争力的。”[②]教育红利是指对人的教育投入所形成的私人收益率和社会收益率。在具体的计算上，目前还比较困难，也比较复杂。为简化起见，我们仅以加入新增劳动力的毕业生为例。2010—2019 年期间，全国高等学校向全社会输送超过 6700 万专业人才，其中研究生及以上学历毕业生为 528.7 万人。这就大大地改变了劳动力队伍的人力资本。

从我国高中教育程度人口来看，从 2010 年的 18799 万人提高至 2019 年的 23113 万人，增加了 4314 万人，平均每年增加 479 万人，占总人口比重从 2010 年的 13.72% 提高至 2019 年的 16.51%，提高了 2.79 个百分点，平均每年提高 0.31 个百分点。

从我国高等教育程度人口来看，从 2010 年的 11964 万人提高至 2019 年的 18996 万人，增加了 7032 万人，平均每年增加 781 万人，主要劳动年龄人口接受高等教育的比例从 2009 年的 9.9% 提高至 2019 年的 19.21%，提高了 9.31 个百分点，平均每年提高 0.93 个百分点；占总人口比重从 7.23% 增加至 13.57%，提高了 6.34 个百分点（见表 2-6），平均每年提高 0.63 个百分点。

从高中、高等教育程度人口来看，高中、高等教育程度人口从 2010 年的 3.08 亿人扩大到 2019 年的 4.21 亿人，增加 11346 万人，平均每年增加 1261 万人，他们占总人口的比重从 22.64% 提高到 30.08%，

① 毛泽东．唯心历史观的破产；毛泽东选集（第 4 卷）[M]. 北京：人民出版社，1960.
② 习近平总书记在广东考察时的讲话，2012 年 12 月。

提高了 7.44 个百分点，平均每年提高 0.83 个百分点。

从劳动年龄人口占总人口的比例来看，从 2010 年的 74.5% 下降至 2019 年的 70.6%，下降了 3.9 个百分点（见表 2–6）。

表2–6 我国高中、高等教育程度人口比较（2009—2019）

类别	2009 年	2010 年	2014 年	2019 年	2010—2019 年变化量
高等教育程度人口（万人）	9644	11964	15893	18996	7032
高等教育程度人口占劳动年龄人口比例（%）	9.90	11.98	15.83	19.21	7.23
高等教育程度人口占总人口比例（%）	7.23	8.92	11.62	13.57	4.65
高中教育程度人口（万人）		18799	22368	23113	4314
高中教育程度人口占劳动年龄人口比例（%）		24.70	28.95	23.37	−1.33
高中教育程度人口占总人口比例（%）		13.72	16.35	16.51	2.79
高中、高等教育程度人口（万人）		30763	38261	42109	11346
高中、高等教育程度人口占劳动年龄人口比例（%）		36.68	44.78	42.58	5.90
高中、高等教育程度人口占总人口比例（%）		22.64	27.97	30.08	7.44
劳动年龄人口占总人口比例（%）	73	74.5	73.4	70.6	−3.9

数据来源：《2010 年第六次全国人口普查主要数据》，北京，中国统计出版社，2011 年；《中国统计摘要 2015》，北京，中国统计出版社，2015 年；《中国统计年鉴 2020》，北京，中国统计出版社，2020 年。

高中、高等教育程度人口红利上升的幅度已经明显地超过了人口红利下降的幅度，显示了教育红利的巨大作用，表现为平均每年 1261 万人进入劳动力队伍，实现劳动力队伍“大换血”，直接丰富了人才资源，扩大了人才队伍。

从研究与试验发展活动的人员全时当量看，从2010年的255.4万人年增加至2019年的480.1万人年，年平均增长率7.26%。中国不仅是拥有规模最大的研发人员队伍的国家，还是研发人才增长最快的国家。

从全国技能人才队伍看，2014年已经达到1.57亿人，相对2004年的8720万人，增长了80.05%，年平均增长率为6.06%，占第二产业就业人数的68.09%，相对2004年的52.19%，提高了15.9个百分点，技能人才密度明显提高。其中，2014年有高级技师145.6万人，技师612.4万人，高级工3378.5万人。从过去十年（2004—2014）的数据来看，高级技师人数年平均增长率为9.3%，技师为7.4%，高级工为8.5%（见表2-7），体现了高职和中职教育的快速发展，直接促进了这些高级技能人才的高增长。特别需要指出的是，2009年到2014年，高职、中职学校向全社会输送了5000万名技术技能人才，平均每年输送约1000万人。

从继续教育看，中国正在形成学习型社会，学习机会更加多样，学习方式更加灵活，学习需求更容易得到满足。我国每年开展各类培训的受训人员达上亿人次，全国参加继续教育的专业技术人员大幅度增加，仅2014年就有1554万人获得各类职业资格证书，比2009年（1250万人）增长了24.3%，在2009—2014年期间，累计约有超过7000万人获得了各类职业资格证书。①

表2-7 全国技能劳动者规模及年均增长率（2004—2014）

	2004年		2014年		2004—2014年均增长率（%）
	人数（万人）	占合计比例（%）	人数（万人）	占合计比例（%）	
合计	7720	100	15729.8	100	6.1

① 数据由教育部有关部门提供。

续 表

	2004 年		2014 年		2004—2014 年均增长率（%）
	人数（万人）	占合计比例（%）	人数（万人）	占合计比例（%）	
占第二产业就业人数比重(%)	52.19		68.09		
高级技师	60	0.8	145.6	0.9	9.3
技师	300	3.9	612.4	3.9	7.4
高级工	1500	19.4	3378.5	21.4	8.5
中级工	2140	27.7	6189.8	39.4	7
初级工	3720	48.2	5403.5	34.4	3.8

数据来源：人力资源和社会保障部，2015 年。

2.3.2 教育现代化驱动创新红利

创新在国家和社会现代化发展过程中的作用日渐突出。国际学术界的相关研究成果清楚地证明，创新已成为后现代社会发展最重要的基本动力。要实现国家现代化，不能无视创新人才的问题，创新人才已经成为国家现代化的必需品，而创新人才的培养离不开教育的发展。①教育红利将释放出明显的创新红利，包括科学创新、技术创新、智力创新等。而高等教育既担负着国家高层次专门人才的培养重任，又担负着国际科学研究的重任，是培养和造就最优秀人才的摇篮，是生产和再生产科学知识的基地，是建立一国国民终身教育体系，构建学习型社会的重要载体。②

第一，大学是一个国家科学研究特别是基础性科学研究的基地，是我国科学创新的主体，也是国家技术创新的重要力量。2013 年，我国科学研究人员（第一作者）发表科学引文索引（Science Citation Index，

① 项贤明．创新人才培养是教育现代化的战略核心 [J]. 中国教育学刊，2017(9):71-75.

② 赵彦云．高等学校教育竞争力研究 [J]. 大学（研究与评价），2008(4):84-90.

以下简称SCI）论文总量居世界第二，其中82.8%出自高校。从专利申请来看，高校专利申请数年均增长20%左右，2014年大学科技园在孵企业共申请专利12096项，有力推进了科技成果转化。[①]

第二，大学还是国家大脑（智库）的重要组成部分。2010—2014年，高校累计提交政策咨询报告4万多篇，[②]在服务国家和地方重大决策方面发挥了重要作用。

第三，大学还是国家外交的教育名片。《教育规划纲要》明确提出高等教育的发展目标之一，就是建成一批国际知名、有特色、高水平的高等学校，若干所大学达到或接近世界一流大学水平，高等教育国际竞争力显著增强。根据世界公认的五大最具影响力全球性大学排名：QS（Quacquarelli Symonds）世界大学排名、英国泰晤士高等教育世界大学排名、美国新闻与世界报道世界大学排名、上海交通大学世界大学学术排名、ESI（Essential Science Indicators）世界大学排名，2004年我国大陆进入世界500强的大学仅有8所，到2020年已有22—39所。其中，进入世界前200名的大学已有7—9所；进入世界前100名的大学已有2—6所（见表2-8），其中，北京大学、清华大学进入世界前30名，其中清华大学排名亚洲地区第一。

表2-8 五大世界大学排行榜的中国大学排名（2004—2020）

单位：所

年份		2004年	2010年	2012年	2015年	2019年	2020年
100强	QS世界大学排名	—	2	3	4	6	6
	美国新闻与世界报道	—	2	3	3	2	2
	泰晤士高等教育	2	3	2	2	3	6
	上海交通大学学术排名	0	0	0	0	4	7
	ESI世界大学排名	—	0	0	0	5	—

① 数据由教育部有关部门提供。

② 数据由教育部有关部门提供。

续表

年份		2004年	2010年	2012年	2015年	2019年	2020年
200强	QS世界大学排名	—	6	7	7	7	7
	美国新闻与世界报道	—	6	7	8	7	7
	泰晤士高等教育	5	6	2	2	7	7
	上海交通大学学术排名	0	2	4	7	—	—
	ESI世界大学排名	—	1	1	4	10	—
500强	QS世界大学排名	—	—	17	16	24	26
	美国新闻与世界报道	—	—	—	30	32	39
	泰晤士高等教育	—	—	9	11	17	22
	上海交通大学学术排名	8	22	27	32	58	—
	ESI世界大学排名	—	14	11	17	31	—

注：表中数据系作者根据主要世界大学排行榜网站数据整理，不包括我国香港、澳门和台湾地区数据。

根据QS世界大学综合排名，2010年中国大陆仅有7所大学进入世界400强，2015年上升至15所，在最新发布的QS世界大学排名中，中国大陆在世界400强大学中已占据19席，比2010年增加了12所，超过加拿大、法国、日本以及俄罗斯等国家，在下表所统计的国家或地区中居第5位，比2010年提高4位（见表2-9）。其中，清华大学进入世界前20名、北京大学进入世界前30名，复旦大学、上海交通大学进入世界前50名，浙江大学、中国科学技术大学进入世界前100名。

按2020年QS世界大学学科排名，中国大陆有84所大学入选全球600强，18所中国大陆高校的100个学科进入全球50强，在全球48个学科排名中达到国际水平。这表明中国在一流大学和一流学科建设方面，取得了一定的成绩。同时，也受到国际社会的赞誉。①

① QS全球教育集团智库中国总监张巘博士评价道："中国政府对全国优势学科重点发展，全力投入，已帮助中国最顶尖的综合性大学和有学科专长的特色大学实现了从'以量谋大'到'以质图强'的战略转变。这有助于建设更多的中国世界一流大学和一流学科，全面提高中国大学的国际竞争力，并引领新常态下的中国经济升级版。"人民网．2015"QS世界大学学科排名"发布 中国86所大学跻身前400名 入选数量仅次美国位列第二 [EB/OL].(2015-4-29). http://world.people.com.cn/n/2015/0429/c1002-26921136.html.

表2-9 QS世界400强大学（2010—2020）

单位：所

国家或地区	2010 年	2011 年	2012 年	2013 年	2014 年	2015 年	2019 年	2020 年
美国	83（1）	85	83	84	81	79	75	71（1）
日本	15（6）	16	16	13	13	14	14	13（7）
英国	48（2）	43	45	45	44	48	45	44（2）
德国	40（3）	36	35	31	31	28	23	23（3）
法国	15（6）	19	19	19	17	20	14	13（7）
加拿大	16（5）	17	16	15	15	15	14	14（6）
澳大利亚	22（4）	22	22	20	19	21	22	21（4）
韩国	11（8）	10	11	9	10	9	10	11（10）
印度	7（9）	6	5	5	5	7	7	7（12）
俄罗斯	2（13）	5	5	5	5	5	13	13（7）
中国（包括港澳台地区）	20	21	22	23	26	30	29	33
中国大陆	7（9）	9	9	11	13	15	15	19（5）
中国香港	6（12）	6	6	6	6	6	6	6（13）
中国台湾	7（9）	6	7	6	7	9	8	8（11）

注：（ ）内系相关国家和地区的排名。

数据来源：QS世界大学排名。

2.3.3 教育现代化释放开放红利

习近平主席在致清华大学苏世民学者项目启动贺信中指出：教育决定着人类的今天，也决定着人类的未来。人类社会需要通过教育不断培养社会需要的人才，需要通过教育来传授已知、更新旧知、开掘新知、探索未知，从而使人们能够更好认识世界和改造世界、更好创造人类的美好未来。他还强调，今天的世界是各国共同组成的命运共同体。战胜人类发展面临的各种挑战，需要各国人民同舟共济、携手努力。教育应该顺此大势，通过更加密切的互动交流，促进对人类各种知识和文化的认知，对各民族现实奋斗和未来愿景的体认，以促进各国学生增进相互了解、树立世界眼光、激发创新灵感，确立为人类和平与发展贡献智慧和力量的远大志向。①教育开放红利是教育为中国走向现代化、走向世界做出的独特贡献，教育交流成为和平、发展、合作、共赢的典范，既反映中国教育走出去，又反映世界教育走进来，形成史上空前的中国与世界教育双向交流、人员双向交换。

第一，中国是世界上第二外国语学习人数最多的国家。2014 年在校生学习第二外国语人数达 1 亿人以上，如果计入累计的数据，至少有 4 亿人学习过或掌握一门外语，这就为中国对外开放、融入国际社会提供了实用性教育基础。

第二，随着中国对外开放，迅速崛起，全球各国各地兴起学习汉语、了解中国文化的巨大需求，国外学习汉语人数累计高达 1 亿人。在激烈的国际竞争中，具有国际利益诉求的国家都努力提升本国主要语言的国际影响力，以谋求政治、经济、文化等利益。②韩国开办的“世宗学院”，日本的“日语学习中心”，德国的“歌德学院”等都旨在推广本国语言，促进本民族文化传播。在语言使用的人口比例上，汉语有着自然的优势，更要借助全球化趋势进一步“走出去”。③截至 2021 年 10 月，中国已通过中外合作方式在 159 个国家设立了 1500 多所孔子学院和孔子课堂，累计培养各类学员 1300 多万人，编织了中国连接世界 150 余个国家人民心灵相通的纽带。④孔子学院已经成为推广汉语教学、传播

① 清华大学苏世民学者项目启动仪式在京举行 [N]. 人民日报，2013-04-22.

② 赵世举 . 全球竞争中的国家语言能力 [J]. 中国社会科学，2015(3):105-118.

③ 徐晓林，吕殿学，朱国伟 . 文化安全视野下的中国教育“走出去”战略 [J]. 马克思主义研究，2012(1): 114-122.

④ 数据来源：教育部“关于政协第十三届全国委员会第四次会议第 2624 号（教育类 091 号）提案答复的函”[EB/OL].(2021-10-15). http://www.moe.gov.cn/jyb_xxgk/xxgk_jyta/yuhe/202111/t20211104_577702.html.

中国文化及国学、提升中国软实力的全球品牌和平台。

第三，鼓励学子出国留学，中国已经是世界上最大的留学生输出国和回国创业国。从恢复选派中青年学者出国学习、邀请国外专家来华讲学、选派公费留学生、允许个人自费留学开始，到开放来华留学、发展中外合作办学，我国对外教育交流不断丰富，教育国际化经历了由学习型向输出型转变，教育对外开放进入加快走出去步伐的新时代。[①] 2009—2018 年，我国出国留学人员累计达到 446.57 万人；2009—2018 年，我国学成归国人员累计达到 326.24 万人（见表 2–10），平均每年归国 36.2 万人，同期回国比例为 73.1%。根据教育部留学服务中心《中国留学回国就业蓝皮书 2015》提供的信息，79.87% 的海外学成留学人员选择回国发展。其中，80.7% 的留学回国就业人员具有硕士学位，9.81% 具有本科或专科学历，9.49% 具有博士学位；23—33 岁人员占留学回国人员总数的 95%。[②] 这表明，越来越多的留学人员特别是年轻学子选择回国创业、就业，为中国经济社会和文化注入新的活力、创造力、创新力，形成历史上最大的留学生回国创业"浪潮"。

第四，中国成为亚洲最大的留学目的国。中国政府实施留学中国计划，建设孔子学院传播中华文化，[③] 来华留学发展迅速，来华留学学生总数、生源国家数、接收留学生单位数及中国政府奖学金生数 4 项指标均创新高，我国成为增长速度最快、规模越来越大的新兴留学目的国。外国来华留学生人数从 2009 年的约 23.8 万人上升至 2018 年的约 49.2 万人，累计数达到 367.95 万人，平均每年 40.9 万人（见表 2–10）。2005 年之前，日本一直是亚洲地区最大的留学目的国，2005 年左右，中国取代了日本。2013 年日本的外国留学生共有 13.55 万人，中国则为

① 范国睿．教育制度变革的价值追求与战略选择——纪念教育改革开放四十年 [J]. 全球教育展望，2018, 47(7):66–75.

② 教育部．中国留学回国就业蓝皮书 2015[R]. 2016–02–25.

③ 魏浩，赖德胜．文化因素影响国际留学生跨国流动的实证研究——兼论中国扩大来华留学生教育规模的战略 [J]. 教育研究，2017, 38(7):55–67.

35.65 万人，相当于日本的 2.63 倍。来华留学生中的学历生比例稳步提升，2014 年达 43.6%。2013—2014 年，中国提供了约 7 万个中国政府奖学金名额。2014 年 11 月，中国和美国政府达成协议，为双方从事留学活动的公民颁发有效期最长为 5 年的多次入境签证；2015 年 9 月，中方宣布未来 3 年将资助中美两国共 5 万名留学生到对方国家学习。中国成为世界各国留学生首选国之一，在 2020 年之前赴华留学生超过 50 万人，成为世界第二大留学生目的国。

截至 2015 年，已有来自全世界 200 多个国家和地区的外国留学人员在中国学习，且平均每年以 5%左右的速度增长，2015 年学历生人数占在华生总数的比例为 46.47%。此外，中国政府奖学金规模持续扩大，2015 年，中国政府奖学金生占来华生总数的 10.21%，近 90%的留学生通过自费或其他方式来华留学。[①]这也显示了中国高等教育的日益国际化产生了越来越大的全球外溢性、外部性。

中国高等教育规模不断扩大，高等教育整体水平进一步提升，吸引的留学生人数大幅增加，表明中国已经成为引领全球高等教育发展的火车头。[②]

表2-10 中国出国留学、学成归国、外国来华留学情况（2009—2018）

年份	出国留学人员数（人）	学成归国人员数（人）	归国率（%）	外国来华留学生数（人）
2009	229300	108300	47.2	238184
2010	284700	134800	47.3	265090

① 人民网 . 2015 年来华留学生近 40 万 北上浙排前三 [EB/OL].(2016-04-14). http://edu.people.com.cn/n1/2016/0414/c367001-28277082.html.

② 世界教育服务组织战略发展部负责人拉胡尔・乔达哈指出，中国是国际高等教育的主要增长引擎，在招生、跨国教育和短期海外学习领域发挥着引领作用。他对中国教育部推出的“留学中国”计划，即目标到 2020 年吸引 50 万名外国留学生来华学习，给予高度评价，认为这项努力是为了使中国成为对希望获得学位的国际学生颇具影响力的留学目的地。The Guardian, How China plans to become a global force in higher education. (2015-10-13).

续 表

年份	出国留学人员数（人）	学成归国人员数（人）	归国率（%）	外国来华留学生数（人）
2011	339700	186200	54.8	292611
2012	399600	272900	68.3	328330
2013	413900	353500	85.4	356499
2014	459800	364800	79.3	377054
2015	523700	409100	78.1	397635
2016	544500	432500	79.4	442773
2017	608400	480900	79	489172
2018	662100	519400	78.4	492185
2009—2018 累计	4465700	3262400	73.1	3679533

数据来源：《中国统计摘要 2020》，北京，中国统计出版社，2020 年；人民网，《2015 年来华留学生近 40 万　北上浙排前三》，2016 年 4 月 14 日；外国来华留学生数据来自教育部。

2.3.4 教育现代化强化投资红利

长期以来，我国经济增长主要依靠投资驱动，2013 年之后我国经济从高增长转为中高速增长，经济增长率逐年下降。而固定资产投资增速则呈断崖式下降，其名义增长率从 2010 年的 23.8% 下降至 2019 年的 5.1%，累计下降 18.7 个百分点，平均每年下降 2 个百分点。其中值得注意的是我国民间固定资产投资增速下降越来越严重，从 2012 年的 24.8% 下降至 2019 年的 4.7%，平均每年下降近 3 个百分点。尽管我国面临投资增速下降的挑战，但是对教育而言，无论是个人还是社会，都存在较大的投资空间和投资增长潜力。随着我国社会主要矛盾转变，教育投资正在逐渐成为更大规模的投资，也是最有效的投资；具有长期的终身的收益，既有私人收益，更有社会收益。未来，无论是国家，还是私人以及社会，都会不断强化对教育的投资，这在中长期趋势上体现得会尤为明显。

第一，国家财政性教育经费占GDP比重始终确保在4%以上。在世界上的排位提高了24位。全国教育经费总投入从2009年的1.65万亿元增加至2018年的4.61万亿元，是2009年的2.8倍，其中国家财政性教育经费从1.22万亿元增加至3.69万亿元，占GDP比重从3.59%提高至4.02%。[①]中国这一比重在世界173个国家和地区中，从121位上升至100位左右，上升约20位。[②]

第二，居民家庭、企业和社会将进一步加大教育投入。从全国教育经费总投入看，社会投入约占四分之一，约占GDP比重的1%；从居民家庭看，实际对子女的各类教育（包括文化等）投入也在不断增加，特别是有50—60万户家庭对子女出国留学的自费资助，反映了人力资本投资具有明显的私人回报。此外，在考虑了各类企业，特别是大中型企业所办的大学、职业培训、专业培训、技能培训的支出后，实际上全社会的教育投入要高于统计或名义上的投入。

第三，教育回报率提升，有助于增进个体教育投入的积极性。我国农村义务教育阶段的学生，农村小学生均经费从2009年的3842元提高至2013年的8159元，相当于2009年的2.12倍；农村初中生均经费从2009年的5024元提高至2013年的11003元，相当于2009年的2.19倍。[③]此外，职业教育学生生均经费也呈现增长趋势。一是中职生均经费大幅度提高，从2009年的7991元提高至2013年的13926元，相当于2009年的1.74倍；二是高职生均经费继续提高，从2009年的11936元提高至2013年的16845元，相当于2009年的1.41倍。2013年，中职就业率在95%以上，高职毕业半年后就业率为90%。[④]生均经费的提高，不仅意味着教育投入的提高，也在一定程度上意味着教育私人收益率提高，有望促进个体的教育投资。

---

① 国家统计局．中国统计年鉴2020[M]．北京：中国统计出版社，2020.

② CIA. The World Factbook. https://www.cia.gov/the-world-factbook/.

③ 数据由教育部有关部门提供。

④ 数据由教育部有关部门提供。

第三章 教育现代化驱动国家竞争力提升

3.1 教育竞争力是国家竞争力的先导

国家竞争力的核心是人的竞争力。正如马克思所说："人以一种全面的方式，也就是说，作为一个完整的人，占有自己的全面的本质。"经济社会发展的根本动力是人的发展，最终归宿也是人的发展。提升竞争力的过程，是人从技能、知识、素质、意识乃至价值观、人生观和世界观从低级到高级，全民适应生产力发展和社会发展的过程。

国将兴，必贵师而重傅。①马克思和恩格斯认为教育与生产劳动相结合是"提高社会生产的一种方法"，是"改造现代社会的最强有力的手段之一"，也是"造就全面发展的人的唯一方法"。②提升个人竞争力的主要途径是提升教育竞争力。古今中外的大思想家都将教育作为培养国民素质的主要手段，将教育视为立国之本。 我们的祖先很早就认识到教育的重要性，并将对教育的投资视为治国之本。早在春秋战国时期，齐国的管仲就指出："一年之计，莫如树谷；十年之计，莫如树木；终身之计，莫如树人。一树一获者，谷也；一树十获者，木也；一树百获者，人也。"柏拉图将公民教育作为城邦实现良好治理的最重要基础③。今天，我们国家又提出了科教兴国战略、面向未来的提升教育竞争力的战略，

---

① 摘自《荀子・大略》。

② 中共中央马克思恩格斯列宁斯大林著作编译局．马克思恩格斯选集[M]．北京：人民出版社，1995.

③ 参见柏拉图《理想国》。

这也体现着教育作为立国之本的思想。

教育竞争力作为国家竞争力的一个方面，对于提升国家的全面竞争力至关重要。教育竞争力的增强是教育系统的一系列组成要素以及组合方式发生的由低级到高级的突破性变化或变革的过程，是教育现代的、先进的、富有竞争力的要素逐步占据主导性、支配性地位的过程。中国未来发展、实现现代化、中华民族伟大复兴，科学技术是第一生产力，关键在人才，基础在教育。邓小平同志指出："要抓紧培养、选拔专业人才，才能搞好四个现代化。"国际竞争是综合国力的竞争，说到底是人才的竞争，是民族创新能力的竞争。[①]温家宝同志在2010年全国人才工作会议讲话中指出："当今世界，国际竞争日趋激烈，突出表现为科技、教育和人才竞争。""科技是关键，教育是基础，人才是根本"，三者相互联系，密不可分。习近平总书记在党的十九大报告中指出："以识才的慧眼、爱才的诚意、用才的胆识、容才的雅量、聚才的良方，把党内和党外、国内和国外各方面优秀人才集聚到党和人民的伟大奋斗中来。"习近平总书记在中国科学院第十七次院士大会、中国工程院第十二次院士大会上的讲话中指出："知识就是力量，人才就是未来。我国要在科技创新方面走在世界前列，必须在创新实践中发现人才、在创新活动中培育人才、在创新事业中凝聚人才，必须大力培养造就规模宏大、结构合理、素质优良的创新型科技人才。"[②]可以看到，人力资源、人才和科技创新将成为强国的关键因素，而所有这些因素，都来源于教育。全面建设社会主义现代化国家，教育要先行。

教育竞争力处于国家竞争力发展的优先位置，对国家竞争力有引领和先导的作用。教育兴，国家兴。而世界各国的历史普遍说明，教育对

---

① 顾明远.实现教育现代化的宏伟蓝图——学习贯彻《国家中长期教育改革和发展规划纲要》[J].北京师范大学学报(社会科学版),2010(5):5-13.

② 习近平.在中国科学院第十七次院士大会、中国工程院第十二次院士大会上的讲话[M].北京:人民出版社,2014:17.

社会经济发展具有引领的作用。教育竞争力水平与国家经济发展水平密切相关。[①]在提升国家竞争力之路上，作为基础，应当率先提升教育竞争力。从社会制约性的角度来讲，教育首先要适应国家竞争力发展的需要，培养适应现代科技、生产和经济发展要求的人力资源和优秀人才，这就要求教育竞争力发展的速度要与国家竞争力提高的速度相适应或者适当超前。教育是经济发展、社会繁荣的最好途径，特别是对于中国这样的人口大国而言，教育也是成为世界强国的基本条件。教育对于人才培养的作用具有时间上的延后性，"十年树木，百年树人"。因此，教育必须始终处于中国国家竞争力发展进程中优先发展的地位。教育优先符合经济社会发展的内在客观规律。对此，习近平主席在联合国"教育第一"全球倡议行动一周年纪念活动上发表视频贺词，向世界宣告，中国将坚定实施科教兴国战略，始终把教育摆在优先发展的战略位置。[②]

教育竞争力为中国国家竞争力发展提供了坚实的人力资本基础，教育竞争力处于国家竞争力发展的核心位置，对于中国国家竞争力具有促进和支撑的作用。马克思主义政治经济学科学地阐明了教育与生产劳动相互作用的原理，以及教育在国民经济中的地位和作用。教育是一种生产力的再生产过程。马克思在《资本论》(1867)中提出了教育是劳动力再生产的必要条件的科学论断。他指出：要改变一般的人的本性，使它获得一定劳动部门的技能和技巧，成为发达的和专门的劳动力，就要有一定的教育或训练。恩格斯在《共产主义原理》(1847)中也指出：要使工农业提高到能满足社会全体成员需要的水平，"单靠机械的和化学的辅助工具是不够的，还必须相应地发展运用这些工具的人的能力"。"教育可使年轻人很快就能够熟悉整个生产系统"，要发展社会生产，就需要发展教育。因此，教育事业的发展，其效益不只局限在教育领域之

① 薛海平，胡咏梅．国际教育竞争力的比较研究[J]. 教育科学，2006(1): 80-84.

② 习近平主席在联合国"教育第一"全球倡议行动一周年纪念活动上发表视频贺词[N]. 人民日报，2013-09-27.

内，还对经济和社会发展显示出多重外溢效应。这包括：教育发展可以提高劳动生产力，从而直接促进经济增长；教育发展可以提升受教育者的就业能力，提高其劳动参与率，特别是女性的参与率，从而直接促进就业总量增长；教育发展有利于经济结构调整，经济结构优化的关键在人才，而人才根源在于教育，教育发展促使劳动力从低劳动生产率的农业向高劳动生产率的非农产业转移，从而促进就业结构中农业比重下降、非农业比重上升，此结构效应也会提高全要素生产率；教育发展也会促进现代人口转型，妇女受教育水平提高，可以直接降低总和生育率，提高人口预期寿命等健康指标。因此，教育及外溢性作用在经济社会发展中具有基础性、先导性的地位，人力资本快速积累是经济迅速增长、社会加速转型的重要推动因素。由于教育具有外溢效应，不仅本身会产生教育红利，还会产生其他外溢红利，即人力资源红利，远大于人口红利。

教育竞争力对于国家竞争力的促进作用，可以总结为五个方面（如图 3-1 所示）：教育为经济发展奠定了人力资源基础，为绿色文明的跃迁式发展提供了重要途径。教育提高了人民的政治素质和政治参与水平，促进了政治文明建设。教育提高了人的道德素养，促进了社会和谐。教育促进了文化大发展和大繁荣，不但培养了文化产品创作人才，同样也培养了人民对文化产品的鉴赏能力和消费水平。即从经济、社会、生态、文化和政治五个方面培养合格的人才和人力资本，促进中国国家竞争力全面提升。教育促进国家竞争力提升的作用还表现出明显的时代特征，社会文明越是发展到高级阶段，国家竞争力对教育的需求越是显著，教育在国家竞争力形成和发展过程中作用的全面性和综合性也日益突出。[①]

---

① 项贤明 . 教育发展与国家竞争力的理论探析 [J]. 比较教育研究 , 2010(6): 1-7.

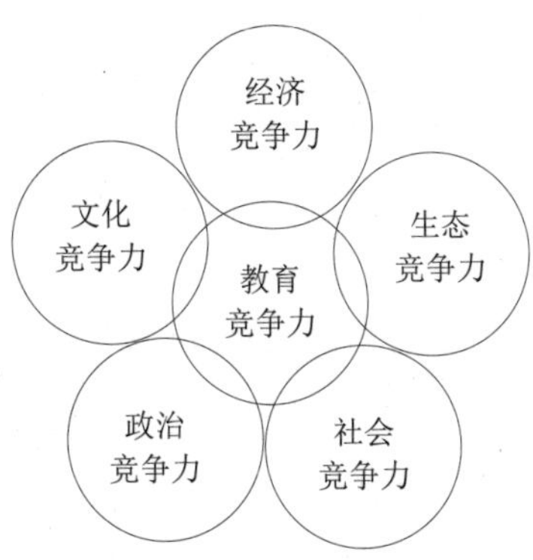

图3-1 教育竞争力与国家竞争力的关系

教育的迅速发展对促进中国经济增长做出重要贡献，成为高增长的来源之一。已有研究证明，教育要素对经济增长的推动作用高于资本要素，且教育的外溢作用对我国经济增长也做出了重要贡献。[①]郑晓齐等（2003）构造教育生产函数，计算出1981—2000年我国教育对经济增长的平均贡献率达到31.17%，累计贡献6966.44亿元。[②]从教育投入的角度，范柏乃等（2013）基于柯布—道格拉斯生产函数计算得出，1996—2011年，我国教育投入对经济增长具有显著的正向影响，贡献率达35%。[③]

对于后发国家而言，教育起到了先导追赶的作用，一个后发国家追赶先行国家，主要是两个方面的追赶：一是经济追赶，即两个国家人均收入或人均GDP相对差距不断缩小；二是教育追赶，即两个国家人力资本水平（人均受教育年限）相对差距不断缩小。教育在经济追赶过程中起到了先导的作用，从世界后发国家对先行国家的追赶经验来看，教育

① 张波，周志刚．教育投资对中国经济增长贡献的计量分析 [J]. 天津工业大学学报，2006(1): 78–80.

② 叶茂林，郑晓齐，王斌．教育对经济增长贡献的计量分析 [J]. 数量经济技术经济研究，2003(1): 89–92.

③ 范柏乃，闫伟．我国教育投入对经济增长贡献率的时空差异研究——基于1996—2011年的省际面板数据 [J]. 国家教育行政学院学报，2013(12): 75–81.

差距小于经济差距，教育追赶快于经济追赶，因而教育追赶成为经济追赶的先导。一般而言，在追赶国人均GDP相当于先行国的20%水平的时候，追赶国人均受教育年限已经达到先行国的40%以上的水平；到人均GDP达到先行国的40%水平阶段时，人均受教育年限一般都在先行国的70%左右；人均GDP达到先行国的80%水平阶段时，人均受教育年限已经很接近先行国的水平。①历史上已经发生过三次重要的经济追赶和教育追赶，分别是美国对英国的追赶、日本对美国的追赶、韩国对欧洲发达国家的追赶。第一次工业革命后英国成为世界经济中心，但是教育重人文轻实用的传统造成了英国经济100多年的衰退，②反观美国，很早便开始崭露出对数学和科学等基础研究的重视，自1958年颁布《国防教育法》以来，持续推进教育战略来提升国际竞争力，包括2007年《美国竞争法》，③ 2018年《制定成功路线：美国STEM教育战略》报告等，这一系列规划战略为美国培养了大量的科技创新人才，成为助力美国科技创新长期领航世界的主要因素之一。④日本和韩国亦是坚持科教立国战略，重视对教育和科研的投入，依靠人力资本的先行追赶，成功实现经济追赶。⑤三次成功的经济追赶典型范例表明，每一次成功的经济追赶，都同时伴随着人力资本的先行追赶，证明人力资本追赶是经济追赶的先导。

中华人民共和国成立后的教育追赶，是人类历史上速度最快、规模最大、教育的先导性作用最为明显的一次追赶。1950年中国的人均

---

① 中国教育与人力资源问题报告课题组．从人口大国迈向人力资源强国[M]．北京：高等教育出版社，2003: 18.

② 王志强，赵中建．英国教育系统变革的背景、现状与趋势——兼论教育在英国国家创新系统中的作用[J]．全球教育展望，2010(6): 45-49.

③ 丁笑炯，张民选．协力发展科教 确保创新领先——2007年《美国竞争法》述评[J]．教育发展研究，2008(Z1): 80-85.

④ 陈鹏，田阳，刘文龙．北极星计划：以STEM教育为核心的全球创新人才培养——《制定成功路线：美国STEM教育战略》(2019-2023)解析[J]．远程教育杂志，2019, 37(2): 3-14.

⑤ 赵渤，崔日明．信息产业发展中的人力资源开发：日韩经验[J]．中国青年政治学院学报，2003(4): 86-90.

GDP仅相当于美国的4.7%，人均受教育年限相当于美国的11.9%；到1978年人均GDP比重提高到5.3%，很大程度上是由于这一时期的人口高速增长，抵消了GDP增长效应，但是这一时期人均受教育年限比重已经提高到44.3%，可以说中国对美国的追赶是教育追赶在前，经济追赶在后；到2000年人均GDP只达到美国的30%，人均受教育年限已经相当于美国的61.8%；预计到2035年人均GDP达到美国的56%左右时，中国的人均受教育年限将基本接近美国水平，这可以说是人类历史上最为显著的教育先导型的追赶（见表3-1）。

表3-1 经济追赶与教育追赶的国际比较

时期		追赶国人均GDP相当于先行国水平（%）		追赶国人均受教育年限相当于先行国水平（%）	
		初期	末期	初期	末期
第一次					
美国－英国	1870—1913	75.3	105.5	88.3	91.2
第二次					
日本－美国	1950—1992	19.6	90.1	80.8	82.4
第三次					
韩国－西欧	1965—1992	24.3	57.5	58.3	84.9
第四次					
中国－美国	1950—1978	4.7	5.3	11.9	44.3
中国－美国	1978—2000	5.3	30.2	44.3	61.8
中国－美国	2000—2020	30.2	41.3	61.8	81.3
中国－美国	2020—2035	41.3	56.2	81.3	96.0

数据来源:《世界经济二百年回顾》，北京，改革出版社，1997年;《中国经济的长期表现(公元960—2030年)》，上海，上海人民出版社，2008年; Statistics on World Population, GDP and Per Capita GDP, 1—2008 AD, http://www.ggdc.net/maddison；其中2008年、2020年、2035年数据系作者估计，参见胡鞍钢、鄢一龙、魏星:《2030中国：迈向共同富裕》，北京，中国人民大学出版社，2011年。

3.2 教育竞争力影响国家竞争力的主要途径

习近平总书记指出：教育是民族振兴、社会进步的重要基石，是功在当代、利在千秋的德政工程，对提高人民综合素质、促进人的全面发展、增强中华民族创新创造活力、实现中华民族伟大复兴具有决定性意义。教育是国之大计、党之大计。因此只有通过教育，才能充分挖掘智慧资源，形成巨大的人才资源优势，才能为实现国家现代化打下坚实的智力基础。[①]

3.2.1 高水平人才为中国持续发展提供原动力

当今世界，综合国力竞争的核心是人才的竞争。培养什么人，怎样培养人，为谁培养人，关系中国特色社会主义事业的成败。[②]在过去的30年时间里，中国经历了人口出生率持续下降（从1989年的21.58‰下降到2019年的10.48‰）、劳动年龄人口份额（15—64岁）先增后减（从1982年的61.5‰上升至2010年的74.5‰，随后下降至2019年的70.6‰）的过程，这种人口结构变迁起初对中国的经济增长产生了积极的促进作用。但是，这种结构性的人口红利，随着时间的推移逐渐发生转变，劳动年龄人口的比重开始下降，而老龄人口比重上升，人口红利不断下降甚至消失。中国从人口红利期进入人口负债期，劳动力资源对中国经济增长的支撑作用大幅度减弱。

人才工作历来都受到党的重视。毛泽东曾指出："没有知识分子的参加，革命的胜利是不可能的。""对于知识分子的正确的政策，是革命胜利的重要条件之一。"[③]由于教育大发展，中国正在获得大规模的人力资源红利，这在未来不仅可以有效地抵消人口红利不断减少的负面作用，而且还可以保持人力资本总量的持续增加，从而支撑整个中国经济

① 刘昌亚．加快推进教育现代化 开启建设教育强国新征程——《中国教育现代化2035》解读[J]. 教育研究，2019(11): 4–16.

② 冯刚，金国峰．论中国教育现代化的方向目标[J]. 中国高等教育，2019(1): 4–8.

③ 1939年12月1日，毛泽东为中共中央起草《大量吸收知识分子》。

的长期持续高增长，为未来20年中国成为世界经济强国提供巨大的丰富的人力资源基础。从人口红利和人力资源红利变化的不同趋势来看，在人口红利下降的同时，人力资源红利可以持续性地为发展提供动力。人力资源红利期比人口红利期持续时间更长，随着时间的推移，对中国经济增长的贡献将越来越大。

中国的人力资源红利包括以下几个方面：首先是人力资本红利，主要是指由教育发展产生的直接收益，即国民受教育年限不断增加，进而提升一国的总人力资本。其次是就业总量红利。教育水平提高有利于提高劳动参与率，特别是可以提高女性的就业参与度，从而扩大国家就业总量，表现为就业人口与非就业人口之比上升。最后是就业结构红利。教育水平特别是高等教育水平的提高，对于促进一个国家的服务业发展具有重要作用，会加速劳动力从农业部门向非农产业部门转移，从低劳动生产率的部门向高劳动生产率的部门转移。此外，人力资源红利还包括促进社会公平，缩小城乡差距、地区差距、贫富差距等社会效应。

总而言之，人力资源红利实质上是高质量的人口红利，人力资源红利的边际效率要显著高于人口红利。当人口红利下降时，如果充分开发和利用人力资源，不仅能够抵消人口红利下降的不利影响，还会进一步支撑整个中国的经济持续增长。而这种人口红利，正是由教育的溢出性产生的。

进入21世纪以来，中国人力资源变化呈现出一些新的特点和趋势，进入了一个加速增长与加速扩大规模的阶段，对经济增长的影响越来越大，贡献越来越显著，已经成为驱动经济增长的最重要因素之一。

一是大学教育程度人口大幅增长。大学教育程度人口规模明显扩大，是第六次全国人口普查（以下简称“六普”）数据呈现的中国人口国情的最大亮点。2000—2010年，中国GDP年均增长率超过10%

（10.46%），大学文化程度人数年均增长率也超过了 10%（10.12%）。从国际比较来看，这不仅创造了世界经济增长率的最高历史纪录，也创造了人力资本增长的最高历史纪录。具有大学（大专以上）文化程度人口，从 2000 年的 4563 万人增加至 2010 年的 11964 万人，已经高于世界第十一大人口国家墨西哥的总人口（2010 年为 11409 万人），与世界第十大人口国家日本的总人口（2010 年为 12807 万人）接近。具有高中（含中专）文化程度人口，由 2000 年的 14068 万人增加至 2010 年的 18799 万人，年均增长率达到 2.94%。以上两者合计人数从 2000 年的 18631 万人提高至 2010 年的 30763 万人，已与世界第三大人口国家美国的总人口（2010 年为 30932 万人）相当接近。预计到 2020 年中国大学文化程度人口将突破 2 亿人，高中与大学文化程度人口将接近 4 亿人，大大超过美国总人口（2020 年约 3.3 亿人），相当于美国劳动力总量（2020 年约 1.65 亿人）的两倍，在考虑到中国劳动生产率与美国劳动生产率水平加速趋同的情况下，将为中国成为世界经济强国、世界人才资源强国、世界创新型国家提供最丰富、最重要的人力资本基础。

二是人才聚集现象凸显。世界级人才城市逐步形成。从“六普”数据可以看到，中国大学文化程度人口集聚趋势更加明显，北京、上海等地迅速成为世界级人才城市。北京市大学文化程度人口在 1990 年只有 100 万人，2010 年达到 617.8 万人；上海的大学文化程度人口从 1990 年的 87 万人增加到 2010 年的 505.31 万人；天津的大学文化程度人口从 1990 年的 41 万人增加到 2010 年的 226.16 万人；重庆的大学文化程度人口在 2000 年仅为 87 万人，但 2010 年已达到 249.3 万人。四直辖市合计大学文化程度人口占全国大学文化程度人口总数的 11.5%。可以认为，北京、上海的大学文化程度人口不仅居全国各城市之前列，也居世界各大城市前列。

一方面，从 2000 年到 2030 年，中国人口占世界人口比重和劳动力人口（15—64岁）比重都在不断下降，到2030年中国占世界总人口比重将降为16.17%，劳动力人口占世界总劳动力人口比重将降为17.61%。2010年之后，作为二者之差的净人口红利也是在不断下降。另一方面，中国人力资本占世界比重在不断上升，到2030年将达到27.2%。净人力资本红利（人力资本比重减去劳动人口比重）也是不断上升的，从1950年的-16.52%上升到2030年的预计值9.59%。2010年开始，净人力资本红利超过净人口红利，且净人口红利不断下降，净人力资本红利不断上升，这意味着未来20年净人力资本红利将替代净人口红利，成为最重要的经济增长红利（见表3-2）。

表3-2 中国总人口及人力资本占世界比重（1950—2030）

单位：%

	1950年	1960年	1980年	1990年	2010年	2020年	2030年
总人口占世界比重	21.75	21.66	22.08	21.58	19.45	17.99	16.17
15—64岁人口（100万人）占世界比重	22.02	21.14	22.31	23.34	21.45	19.65	17.61
人力资本占世界比重	5.5	9	17.6	20	24.1	26.8	27.2
净人口红利	0.27	−0.52	0.23	1.76	2	1.66	1.44
净人力资本红利	−16.52	−12.14	−4.71	−3.34	2.65	7.15	9.59

数据来源：Population Division of the Department of Economic and Social Affairs of the United Nations Secretariat, World Population Prospects: The 2010 Revision; Robert J. Barro, Jong-Wha Lee. A new data set of educational attainment in the world, 1950—2010, NBER working paper, No. 15902, 2010; 2020—2030年数据系作者估计。

这也可以通过教育对经济增长的贡献率来反映。表3-3分别列出了不同时期劳动力和教育对中国GDP的贡献率，随着人口和投资的下降，教育和全要素生产率将成为推动经济增长的主要动力，特别是教育。

2001—2010 年，教育对经济增长的贡献率达到了 38%，而劳动力对经济增长的贡献率只有 2.6%。预计未来二十年，人力资本对经济增长仍将保持很高的贡献率，贡献率达到 20% 以上。劳动力对经济增长的贡献率进一步下降为 2% 左右，特别是 2025 年之后，中国劳动力增长达到顶峰，从正增长变为负增长，劳动力对经济增长的贡献率趋于 0；而人力资本对经济增长的贡献率仍将达到 17.4%，这也表明，大力开发人力资源，大力挖掘人力资源红利对中国经济的长远可持续增长具有重要的意义。

表3-3 劳动力和教育对中国GDP的贡献率

单位：%

时期	劳动力贡献率	教育贡献率
1980—1990	10.5	11.8
1991—2000	3.3	8.2
2001—2010	2.6	38
2011—2015	6.7	28.1
2016—2020	2.4	23.5
2021—2025	1.4	20.3
2026—2030	0	17.4
2011—2030	2.5	22.8

注：本表是根据不同要素对经济增长的贡献计算的，共计算了四种要素，即资本投入、劳动投入、人力资本投入和全要素生产率。

3.2.2 高质量教育是实施创新驱动发展战略的根本动力

改革开放以来，中国的经济增长主要是依靠劳动力、资本和自然资源等要素的投入来实现的，未来我们需要打造中国经济的升级版，它的重要标志就是从依靠要素推动经济发展，转向依靠创新推动经济发展。

党的十九大报告从四大方面提出了实施创新驱动发展战略、加快建设创新型国家的具体举措：一是瞄准世界科技前沿、具有前瞻性、引领性的基础研究科技创新；二是旨在转化现实生产力、推动经济迈向全球价值链中高端的应用基础研究科技创新；三是有利于调动创新积极性、促进科技成果转化的科技体制机制创新；四是创新人才培养和创新团队的科技人才队伍建设。

教育是实施创新驱动战略的基础。首先，教育的主要功能就是为经济发展输送一大批创新型人才。人才是我国经济社会发展的第一资源。在人类社会发展进程中，人才是社会文明进步、人民富裕幸福、国家繁荣昌盛的重要推动力量。全面推进社会建设，必须大力提高国民素质，在继续发挥我国人力资源优势的同时，加快形成我国人才竞争比较优势，逐步实现由人力资源大国向人才强国的转变。科技创新是提高社会生产力和综合国力的战略支撑，必须摆在国家发展全局的核心位置。教育与科技创新息息相关，是科技创新的基础。中国教育持续迅猛发展，主要指标已居各发展中国家前列，正在逐步形成世界最大规模的全民学习、终身学习、灵活学习的学习型社会，也为“人人成才”提供了良好的人力资本基础和社会环境。教育的现代化，一个重要的方面就是开展创新教育，培养创新人才。同时，中国的发展不仅需要大量的符合现代制造业和服务业发展需求的技术人才，更需要造就创新人才，乃至领导中国技术创新的帅才。我们的教育现代化发展应当通过培养创新人才，实现“弯道超车”，达到国际先进水平。[①]如果能够探索出有效的途径，造就一大批具备创新能力的人才来，将提升中国未来的经济和技术竞争力。

据估算，到2030年，我国的人才资源总量将达到2.7亿人，占总人口的比例为18%，占就业人口的比例为35%，即高技能人才占技能劳动者

① 项贤明．创新人才培养是教育现代化的战略核心[J]．中国教育学刊，2017(9): 71–75.

比例将达到 35%；每万名劳动力中研发人员达到 55 人年，比 2008 年翻一番；主要劳动年龄人口受过高等教育的比例达到 30%；人力资本投资占 GDP 比重达到 18%；人才贡献率达到 40%（见表 3-4）。

表3-4 国家人才发展主要指标（2008—2030）

	2008 年	2015 年	2020 年	2030 年
人才资源总量（万人）	11385	15625	18025	27000
每万名劳动力中研发人员（人年 / 万人）	24.8	33	43	55
高技能人才占技能劳动者比例（%）	24.4	27	28	35
主要劳动年龄人口受过高等教育的比例（%）	9.2	15	20	30
人力资本投资占 GDP 比重（%）	10.75	13	15	18
人才贡献率（%）	18.9	32	35	40

数据来源：2008—2020 年数据引自《国家中长期人才发展规划纲要（2010—2020 年）》，2010 年 6 月；2030 年数据系作者估计。

教育除了通过培养人才来推动创新驱动战略，高等教育本身对创新也有重要作用。通过基础理论创新和产学研结合，高等院校建立了最重要的创新平台，平台产出科研成果并通过企业运作得以产业化，提升了企业的创新能力和竞争优势，从而驱动经济社会发展。①由此可见，教育不仅仅是创新的推动者，更是重要的参与者。高等院校和科研教学工作者对于创新的作用是全方位的。高等教育在科技创新、技术创新、人力资源和研发投入等几个重要的创新指标上都起着关键的作用。

作为现代教育重要组成部分的高等教育，现代化的研究型大学，也是科技创新和产学研结合的主题。此外，以现代教育为原动力，可以大力推动知识经济的发展。学者们普遍认为，我国现在正处于从教育信

① 薛二勇．我国大学和产业合作的战略选择和制度安排——协同创新中高等教育宏观政策的调整和创新 [J]. 教育研究，2013, 34(11): 44-52.

息化 1.0 向教育信息化 2.0 迈进的阶段。[①]知识经济时代信息技术的巨大进步和普遍应用，为学习型社会的构建提供了技术支撑。由于网络技术的发展和普及，远程教育、网络教育的传递更加快捷、成本更低，终身教育、灵活教育有了更加丰富的实现形式。特别是对于中国这样的人口大国来说，将信息技术应用到教育体系具有巨大的规模效应，这使中国在学习型社会的构建上实现跨越式发展成为可能。教育信息化 2.0 的根本使命是全面推动教育现代化，创造信息时代的新教育。[②]教育信息化迈入 2.0 将全面推进教育现代化建设，并实现从服务教育自身发展向服务国家现代化全局的建设转变，进而推动我国建成社会主义现代化强国，为实现"两个一百年"的奋斗目标做出新的贡献。[③]另外，创新驱动的其他方面，也都与教育竞争力的提升有着密不可分的联系。教育通过培养人才、高等教育自身的创新特性以及产学研集合，对科技创新、技术创新、专利发明、人力资源培养、科技市场培育都起着重要的促进作用。

还需要指出的是，教育本身就是现代服务业的重要组成部分，具有高人力资本、高科技含量和高附加值特点。提升教育竞争力，是教育向创新性现代服务业的转变，也符合创新驱动战略的宗旨。教育作为现代服务业的重要组成部分，同时也应该作为服务业发展的优先领域。中国巨大的人口基数以及快速城市化、新型工业化的发展阶段，预示着将成为世界上最大的教育市场：首先，劳动力受教育年限的提高目标，需要进一步的教育"赋能"。其次，数以亿计的农民想到城市就业，同时，两亿多已经进城的外来务工人员也从"半城市人"转变为"城市人"，这都要求更高水平的教育条件，也对提升教育竞争力提出了更高的要求。

① 褚宏启 . 教育现代化 2.0 的中国版本 [J]. 教育研究 , 2018, 39(12): 9–17.

② 杨宗凯 , 吴砥 , 郑旭东 . 教育信息化 2.0: 新时代信息技术变革教育的关键历史跃迁 [J]. 教育研究 , 2018(4): 16–22.

③ 任友群 , 冯仰存 , 郑旭东 . 融合创新，智能引领，迎接教育信息化新时代 [J]. 中国电化教育 , 2018(1): 7–14, 34.

3.2.3 教育结构升级是实现高质量发展的重要动力

从转变经济发展方式的角度来说，人力资本的积累是社会发展阶段转型和经济结构变迁的重要驱动力。不同的社会发展阶段、不同的经济结构，对于人力资本的积累水平有不同的要求，而社会发展阶段的推进和经济结构的变迁又为教育和人力资本的进一步发展创造了条件。这样，在教育结构、人力资本积累、经济结构变迁和社会发展阶段推进之间，就形成了一种互动关系。在人力资本和经济结构持续变迁的过程当中，不同的人力资本发展阶段对应于不同的经济发展阶段和就业结构阶段（见表 3–5）：

表3–5 人力资本积累的不同阶段的教育驱动阶段和经济结构

教育驱动阶段	经济结构
传统精英教育	农业经济为主
初等教育	工业化迅速推进
中等教育	工业化完成，服务业发展
高等教育	服务业为主
终身教育	服务业为主，现代服务业的重要性不断上升

人力资本积累的精英教育驱动阶段。从社会发展阶段和就业结构上看，此时处于传统社会阶段，就业结构以农业经济为主。经济发展主要依靠劳动力数量和家畜等农业生产物质资本的投入，物质资本相对稀缺，人力资本的回报率不高，还没有出现现代意义上的经济增长。

人力资本积累的初等教育驱动阶段。这时社会一般处于经济起飞准备阶段，工业化开始迅速推进，工业部门在社会生产中份额增大，社会对人力资本投资的需求导致个人和社会对人力资本投资的意愿上升。在此条件之下，现代学校教育开始正式发展，人类历史上开始出现前所未有的人力资本迅速积累。

人力资本积累的中等教育驱动阶段。这一阶段往往伴随着整个经济起飞的过程，大规模的工业化生产对于技术人才的巨大需求成为中等教育发展的巨大动力，进而促进人力资本的迅速积累。经过这一阶段的进一步发展，工业化最终完成，工业部门就业占总劳动力的比重达到历史最高水平。这一阶段，经济保持很高的增长速度，是一国经济崛起或经济追赶最重要的时期。

人力资本积累的高等教育驱动阶段。在这一阶段，工业化已经完成，服务业继续迅速发展。工业部门就业占总劳动力的比重开始下降，服务业超过工业成为最大的就业部门，社会逐步进入服务业社会。

人力资本积累的终身教育驱动阶段。此时社会真正进入学习型社会，人力资本成为最重要的生产力，人力资源成为国民财富中最大的部分。

从表 3-6 可以看到，在 1992 年以后，对于预期受教育年限（School Life Expectancy）的增长，主要的贡献来源于中等教育和高等教育，由于入学率逐渐趋于稳定，各教育阶段的贡献率大体呈下降趋势。三次产业的比重大体呈上升趋势。

表3-6 不同受教育阶段对预期受教育年限和产业结构的影响

单位：%

时期	初等教育对预期受教育年限贡献率	中等教育对预期受教育年限贡献率	高等教育对预期受教育年限贡献率	期初三次产业比重	期末三次产业比重
1992—1995	−43.08	109.23	33.85	35.6	33.7
1996—2000	−15.28	76.39	38.89	33.6	39.8
2001—2005	12.56	53.52	33.92	41.2	41.3
2006—2011	−13.94	10.29	21.68	41.8	44.3
2012—2019	—	—	—	45.5	53.9

数据来源：《中国统计年鉴 2020》，北京，中国统计出版社，2020 年。

3.2.4 公平普惠教育是促进社会全面进步的主要抓手

（1）教育本身也是现代社会福利的重要组成，促进了社会全面发展

为了避免GDP单纯考虑经济的片面性，可以采用人类发展总值（Gross Human Development Index，以下简称GHDI）的概念来考量全社会的福利，即一国人口总数与HDI的乘积，用以衡量一国真实的国民福祉总量。可以计算人口和教育对GHDI的贡献率。

从GHDI的来源划分，中国的GHDI增长总共分三个阶段，第一个阶段主要由人口快速增加推动，第二个阶段主要由人均GDP的快速增长推动，第三个阶段主要依靠教育水平和人均预期寿命的提高推动，这三个阶段也符合孔子当年设想的国家发展“庶之，富之，教之”的三个阶段。

从表3-7可以看到，我国的人口红利正在减少，人口对于中国GHDI的贡献率不断下降，而教育的贡献逐渐上升，成为主要的贡献因素。教育对于人的福利的提升和社会的发展起着越来越重要的作用。教育通过人力资本的积累，培养了全面的人才，实现了从人口红利向人力资本红利的转变，促进了中国社会的全面现代化。

表3-7 中国人口和教育对GHDI的贡献率

单位：%

时期	人口	收入	教育	健康	交互项
1980—1990	36.1	43.8	12.3	3.3	4.5
1991—2000	29.6	39.8	20.3	6.1	4.3
2001—2010	24.8	45.3	21.9	6	1.9
2011—2020	22.6	27.3	38.4	9.7	2.1
2021—2030	7	45.4	40.4	7.6	−0.3

数据来源：UNDP, Human Development Report 2010; UNDP, Human Development Database; 2021—2030年数据系作者估计。

（2）教育是消除贫困、保障社会公平、缩小城乡差距的前提与核心

人的全面竞争力的提高，既取决于经济发展水平，也取决于公共服务的供给水平和均等化程度。在人类发展进程中，教育是人类福祉之本，是促进地区经济繁荣、社会进步的最佳途径。中国从世界人力资源大国向人力资源强国迈进，各地区人力资本将不断跃升，进入教育发展的黄金时期，这有赖于各地区教育事业的共同发展。实现本地区人口的现代化，是地区现代化的主要成就；缩小各地区教育和人力资本差距，是缩小地区差距的主要成就。2010 年，全国人口平均受教育年限为 9.9 年，高于世界平均水平（7.76 年），受教育年限为 9—12 年的人口占总人口的 95.4%，受教育年限为 6—9 年的人口占比为 4.6%，各地区人口平均受教育年限的差异系数比 1980 年降低 50%。到 2020 年，人口平均受教育年限有望达到 11.7 年，其中，平均受教育年限较高（9—12 年）的人口比例达到 79%；平均受教育年限极高（12 年及以上）的人口比例达到 20.6%。平均受教育年限指标步入极高人类发展国家行列（见表 3-8，表 3-9）。①

表3-8 中国人均受教育年限分组人口比例（1982—2020）

单位：%

人均受教育年限	1982 年	1990 年	2000 年	2010 年	2020 年
极高（12 年及以上）	—	—	—	—	20.6
较高（9—12 年）	0.9	1	65.9	95.4	79
低（6—9 年）	78.4	93.2	33.9	4.6	0.4
极低（6 年及以下）	20.7	5.8	0.2	—	—
全国合计	100	100	100	100	100

说明：本表系作者计算，计算数据来源于历次全国人口普查数据；2020 年数据系作者估计。

① 根据 2010 年人类发展报告计算，极高人类发展水平国家平均受教育年限为 10.6 年。联合国开发计划署．2010 年人类发展报告 [R]. 2010-11-04.

教育也是现代化过程中消除贫困的核心问题。习近平指出："扶贫必扶智，治贫先治愚。"① 2020年是我国脱贫攻坚决战决胜之年，贫困形态已由绝对贫困向相对贫困转变，而教育依旧是缓解多维相对贫困、切断贫困代际传递的根本途径。②此外，诺贝尔经济学奖获得者阿玛蒂亚·森（Amartya Sen）认为，应该从概念上将贫困定义为能力不足而不是收入低下。③贫困的核心概念是能力、权力和福利的被剥夺，贫困不只是收入的贫困，它是一个多维度的现象。由此出发，我们从四个维度来定义贫困类型：收入贫困、人类贫困、知识贫困和生态贫困。知识贫困是基本发展能力与机会的贫困，是21世纪全球进入知识经济、知识社会时代的新贫困。我们定义为人们普遍缺乏获取、交流、应用和创造知识与信息的能力，或者缺乏权利、机会与途径获得这一能力。④在许多情况下，即使消除了收入贫困或人类贫困，仍将存在着大量的知识贫困人口，其规模远远超过前两种贫困人口的总和，成为21世纪知识经济、知识社会的"边缘化人群"。通过教育目标的实现，知识贫困人口是可以大幅度减少，甚至是可以根本性消除的。

表3-9 中国大陆地区平均受教育年限变迁（1982—2020）

年份	极低（＜6年）	低（6—9年）	较高（9—12年）	极高（＞12年）
1982	藏、皖、川、滇、黔、青、甘	沪、津、辽、黑、吉、晋、湘、粤、桂、蒙、鄂、冀、宁、赣、豫、苏、浙、闽、鲁、陕、新	京	

① 中共中央党史和文献研究院．习近平扶贫论述摘编[M]．北京：中央文献出版社，2018: 139.
② 王建．教育缓解相对贫困的战略与政策思考[J]．教育研究，2020, 41(11): 11–21.
③ Amartya Sen. Development as Freedom[M]. New York: Knopf, 1999.
④ 胡鞍钢．全球化挑战中国[M]．北京：北京大学出版社，2002: 134–136.

续 表

年份	极低（< 6 年）	低（6—9 年）	较高（9—12 年）	极高（> 12 年）
1990	甘、滇、青、藏	沪、津、辽、吉、黑、粤、新、晋、桂、琼、湘、豫、鄂、蒙、苏、闽、赣、冀、陕、鲁、宁、浙、川、皖、黔	京	
2000	藏	鲁、皖、宁、渝、浙、川、甘、黔、滇、青	京、津、沪、晋、辽、豫、粤、吉、黑、鄂、陕、冀、琼、新、湘、桂、蒙、苏、赣、闽	
2010		青、滇、藏	京、沪、津、晋、粤、新、辽、琼、陕、吉、赣、豫、湘、蒙、黑、苏、宁、冀、鄂、桂、闽、鲁、渝、浙、川、皖、黔、甘	
2020		藏	赣、豫、湘、蒙、辽、桂、冀、苏、闽、鄂、渝、黔、吉、鲁、甘、青、黑、浙、川、滇、皖	京、晋、沪、宁、新、津、粤、琼、陕

数据来源：历次全国人口普查数据；2020 年数据系作者估算。

可以看到，教育地区差距先缩小，会对人均GDP的地区差距趋同起一定先导作用，进而促进地区差距缩小。事实上，教育塑造国家竞争力的核心作用之一，就是促进落后地区实现跨越式追赶，与发达地区趋同。

习近平指出：“教育公平是社会公平的重要基础，要不断促进教育发展成果更多更公平惠及全体人民，以教育公平促进社会公平正义。”① 教育公平是社会公平的重要基础，教育机会公平是最大的社会公平。要

① 中共中央党史和文献研究院．习近平扶贫论述摘编 [M]. 北京：中央文献出版社，2018: 139.

坚持教育的公益性、社会性和公平性，消除教育绝对贫困，缩小城乡、地区、性别、民族之间的教育发展差距，保障人人享有受教育权，人人享有平等的教育机会，对于社会公平而言，过程公平比结果公平更重要。现代社会的教育公平离不开教育系统的制度建设。有研究表明，中国家庭的社会经济地位对子女学习能力程度的不平等影响主要存在于学校与学校之间而不是学校内部。近年来从各国推进机会均等化的教育改革中可以发现，改革几乎都是从教育筛选制度入手来推进的，但必须注意的是，对筛选和分流制度的改革要统筹兼顾好教育公平和教育质量。①教育保证了每个个体公平参与社会活动的基本能力。教育是社会公平的起点，教育公平是最重要的社会公平，教育公平就是要使人人享有同等受教育的权利。追求教育公平是当今人类社会教育发展的趋势，是世界各国教育改革与发展的基本出发点与重要目标。坚持教育的公益性，坚持教育的社会主义方向，把实现教育均衡发展摆到我国教育政策的重要位置，以发展促公平，以改革促公平，以资助促公平。

3.2.5 教育内涵式发展是提高国家软实力的关键

党的十九大报告指出，中国迈入了新时代，新时代意味着我们将迎来从站起来、富起来到强起来的伟大历史飞跃，到 2035 年中国要基本实现社会主义现代化，到 2050 年要建成富强民主文明和谐美丽的社会主义现代化强国。在从站起来、富起来到强起来的历史飞跃中，我们不仅要加强国家的硬实力，而且要加强国家的软实力；不仅要加强国家的外实力，而且要增强人民的内实力。②

文化建设是国家软实力的重要体现。文化建设的基本任务就是用当代最新科学技术成就提高人民群众的知识水平，通过合理和进步的教育

---

① 侯利明. 教育系统的分流模式与教育不平等——基于 PISA 2015 数据的国际比较 [J]. 社会学研究, 2020, 35(6): 186-211, 245-246.

② 童世骏, 徐辉, 陈锋, 瞿振元, 丁晓东, 高书国, 程介明, 李军, 祝智庭, 于志晶, 高向东, 袁振国. 聚焦 2035 中国教育现代化 (笔谈)[J]. 中国高教研究, 2018(2): 18-21.

制度培养社会主义一代新人，并用最能反映时代精神的健康的文学艺术和生动活泼的群众文化活动来陶冶人们的情操，丰富人们的精神生活。教育的过程就是文化传承、文化传播、文化选择和文化创新的过程，[①]教育培育了正确的价值观，提高了公民的文化水平和综合素质，提高了人们的修养和道德水平。教育竞争力的提升，可以完善我国现代化的教育体系，还可以将中国优秀传统文化和新时代中国特色社会主义文化有机结合，提高全民族的思想道德素质和科学文化素质，培养一代又一代有理想、有道德、有文化、有纪律的公民。传承中华优秀传统文化，也是增强国家软实力的必然要求。因此，教育内涵式发展，不仅要提高国民的知识水平，而且要提升公民素质，培养现代国民，引导人们树立正确的世界观、人生观、价值观、荣辱观。

3.3 教育现代化缩小多维度相对差距

3.3.1 教育相对差距

教育竞争力的培育是一个不断发展的、连续变迁的、由低级到高级、由量变到质变的历史变革过程。对于发展中国家而言，提升教育竞争力的过程就是不断缩小与发达国家教育水平相对差距的动态过程。对于中国而言，本部分讨论的教育相对差距主要是相对美国的差距。美国不仅是最发达的国家，而且拥有较大的人口规模与教育规模，相比于那些规模小的发达国家更具有可比较性。美国的国家竞争优势来源于丰富的人力资本，根植于教育，[②]亦更具参考价值。

（1）受教育水平相对差距

根据安格斯·麦迪森采用购买力平价方法（1990 年国际美元价格）

---

① 徐晓林，吕殿学，朱国伟．文化安全视野下的中国教育“走出去”战略 [J]. 马克思主义研究，2012(1): 114–122.

② 龙玫，赵中建．美国国家竞争力：STEM 教育的贡献 [J]. 现代大学教育，2015(2): 41–49, 112.

计算，1950年中国人均GDP为448美元，仅相当于美国的4.7%；根据我们估算，1950年中国15岁以上人口平均受教育年限为1年，相当于美国的11.9%。而后中国开始了对美国的“经济追赶”和“教育追赶”，到1980年，中国人均GDP达到了1061美元，相对美国的追赶系数为5.7%，仅比1950年提高了1个百分点，中国15岁以上人口平均受教育年限提高至5.33年，相对美国的追赶系数为44.3%，比1950年提高了32.4个百分点。可以认为，中国的教育追赶远比经济追赶更显著，这也为而后的经济起飞创造了“教育红利”。1980年之后，中国进入经济起飞阶段，加速了经济追赶，到2010年，中国人均GDP达到了7822美元，相对美国的追赶系数为25.6%，比1980年提高了19.9个百分点，平均每年提高0.66个百分点。与此同时，中国也进入了教育发展黄金时期，再次加速了教育追赶，到2010年，15岁以上人口平均受教育年限提高至9.9年，相对美国的追赶系数为75.6%，比1980年提高了31.3个百分点，平均每年提高1个百分点（见表3-10）。

表3-10 中国、美国人均GDP和平均受教育年限及中国相对美国的追赶系数（1950—2020）

年份	人均 GDP（1990 年国际美元价）			平均受教育年限		
	中国	美国	中国 / 美国（%）	中国	美国	中国 / 美国（%）
1950	448	9561	4.7	1	8.41	11.9
1960	662	11328	5.8	2	9.18	21.8
1970	778	15030	5.2	3.2	10.79	29.7
1980	1061	18577	5.7	5.33	12.03	44.3
1990	1871	23201	8.1	6.43	12.23	52.6
2000	3421	28467	12	7.85	12.71	61.8
2010	7822	30589	25.6	9.9	13.09	75.6
2020	14883	36053	41.3	11	13.20	83.3

数据来源：人均GDP数据为1950—2000年数据：Angus Maddison, Historical Statistics of the World Economy: 1—2008 AD；2010—2020 年美国和中国数据系作者估计。1950—2010 年美国数据引自 Barro and Lee Dataset，https://knoema.com/atlas/sources/Barro-Lee. 2020 年美国数据系作者估计；中国数据系作者计算。表中的年限系 15 岁以上人口平均受教育年限。

1950 年，中国 15—64 岁人口数是美国的 3.3 倍，总人力资本（指 15—64 岁人口数与平均受教育年限的乘积）只有美国的 38.8%；1970 年，中国总人力资本超过了美国；2010 年，中国总人力资本相当于美国的 3.61 倍；到 2020 年，中国总人力资本将达到美国的 3.85 倍（见表 3-11）。这就为中国缩小与美国的相对差距奠定了重要的总人力资本基础。

表3-11 中国、美国劳动年龄人口和总人力资本（1950—2020）

年份	15—64 岁人口（100 万人）			总人力资本（10 亿人年）		
	中国	美国	中国 / 美国（%）	中国	美国	中国 / 美国（%）
1950	332.94	102.18	325.8	0.333	0.859	38.8
1960	366.61	111.76	328	0.733	1.026	71.4
1970	454.24	129.49	350.8	1.454	1.397	104.1
1980	585.73	152.17	384.9	3.122	1.831	170.5
1990	756.64	167.59	451.5	4.865	2.050	237.4
2000	864.73	188.65	458.4	6.788	2.398	283.1
2010	999.57	209.51	477.1	9.896	2.742	360.9
2020	996.04	215.63	461.9	10.956	2.846	385.0

说明：总人力资本=（15—64 岁人口数）× 平均受教育年限。

数据来源：Population Division of the Department of Economic and Social Affairs of the United Nations Secretariat, World Population Prospects: The 2012 Revision, https://www.un.org/development/desa/pd/sites/www.un.org.development.desa.pd/files/files/documents/2020/Jan/un_2012_world_population_prospects-2012_revision_volume-ii-demographic-profiles.pdf. 中国平均受教育年限系作者计算，美国平均受教育年限来自 Barro and Lee Dataset, https://knoema.com/atlas/sources/Barro-Lee.

作为现代化的后来者，中国在追赶美国的过程中，教育追赶速度快于经济追赶速度，充分体现了教育追赶优先于经济追赶；此外，教育追赶系数始终高于经济追赶系数，充分体现了教育追赶明显促进了经济追赶。这两个发现表明，中国具有教育优先型现代化特征，这也充分体现了中国社会主义制度的优越性，一是因为教育追赶更多的是基于政府的作用，而经济追赶主要是基于市场的作用；二是因为教育追赶更有利于促进社会公平，而经济追赶可能会加大经济不公平，进而也会不利于社会公平。

（2）预期受教育年限相对差距

预计到 2035 年左右，我国主要教育发展指标达到或接近美国水平，平均受教育年限接近甚至超过美国。15 岁以上人口平均受教育年限达到 12 年，相对美国（12.5 年）缩小为 96%。预期受教育年限将达到 15.2 年，达到美国的 92%。学前预期受教育年限、初等至中等预期受教育年限均将超过美国，其中学前预期受教育年限将达到 2.7 年，比美国多 0.8 年；初等至中等预期受教育年限达到 11.7 年，比美国多 0.2 年。高等教育预期受教育年限达到 3.5 年，与美国的差距缩小为 0.9 年，达到美国的 79.55%。从总体预期受教育年限来看，不包括学前教育的预期受教育年限将达到 15.2 年，与美国的差距缩小为 1.3 年，达到美国 92% 的水平，考虑学前教育的预期受教育年限将超过美国，达到美国的 1.03 倍（见表 3-12）。可见，中国预期受教育年限低于美国的主要根源在于高等教育预期受教育年限低于美国。总体来看，到 2035 年，中国将由一个人力资源大国成为名副其实的世界人力资源强国和人才强国。[①]满足世界上最大规模教育人口的日益增长的教育需求，这是

① 有人可能认为我们的预测过于乐观，实际上美国的教育发展相对于其经济发展水平是滞后的，韩国 2009 年学前至高等的预期受教育年限为 18.1 年，比美国多 0.7 年；初等至高等预期受教育年限为 16.9 年，比美国多 0.9 年，而 2009 年韩国人均 GDP（汇率法现价美元）只相当于美国的 37.1%。

教育改革发展的根本目的。建成世界上最大的全民学习、终身学习、灵活学习的学习型社会，成为“人人皆学、处处可学、时时能学”的“学习之邦”，使十几亿人民“学有所教、学有所成、学有所用”，到那时，中国人力资源将占世界总量的二分之一，中国人力资源在世界上具有绝对竞争优势，是我们参与国际合作的最大比较优势，也是我们进行国际竞争的最大竞争优势，更是我们实现伟大复兴“中国梦”的最大资源优势。

表3-12 中国、美国预期受教育年限比较（2001—2035）

		2001 年	2009 年	2020 年	2035 年
学前教育	中国	1.1	1.4	2.45	2.7
	美国	1.8	1.7	1.8	1.9
	中美差距	0.7	0.3	−0.65	−0.8
初等至中等教育	中国	9.3	10.3	11.55	11.7
	美国	11.6	11.5	11.5	11.5
	中美差距	2.3	1.2	−0.05	−0.2
高等教育	中国	0.5	1.2	2.25	3.5
	美国	3.3	4.4	4.4	4.4
	中美差距	2.8	3.2	2.15	0.9
初等到高等教育	中国	9.9	11.6	13.8	15.2
	美国	15.4	16	16	16.5
	中美差距	5.5	4.4	2.2	1.3
	中国 / 美国	0.64	0.73	0.86	0.92
学前至高等教育	中国	11	13	16.25	17.9
	美国	17.2	17.4	17.4	17.4
	中美差距	6.2	4.4	1.15	−0.5
	中国 / 美国	0.64	0.75	0.93	1.03

数据来源：2001 年、2009 年数据来源于 Education Database，2009；2020、2035 年数据系作者根据《国家中长期教育改革和发展规划纲要（2010—2020 年）》测算。

从与其他国家的比较来看，中国的学前教育毛入园率在进入2000年以后迅速提高，2011年达到62.3%，已经接近美国的水平（2010年为69%），预计很快就会超过美国。初等教育毛入学率已经达到发达国家的同等水平；中等教育毛入学率处于发展中国家前列，大大高于印度的水平，同时已经接近俄罗斯的水平，2010年中国为81%，印度为63%，俄罗斯为89%，预计在不太远的将来就可以达到发达国家水平；从高等教育毛入学率来看，中国2000年仅为8%，甚至低于印度（2000年为10%），到2011年已经达到26.9%，大大高于印度的水平（2010年为18%），这也表明中国政府于1998年及时做出的重大决策，使高等教育加速发展。与此同时，中国的高等教育毛入学率仍然大大低于美国（2010年为95%）、俄罗斯（2009年为76%）（见表3-13）。这也要求人力资本积累从初中等人力资源快速积累转向高等教育快速积累，中国要不断提高高等教育毛入学率，不断接近美国，这已经成为未来20年中国国民受教育年限能否超过美国的关键所在。

表3-13 中国、印度、俄罗斯、美国的四级教育毛入学（园）率的国际比较（1971—2019）

单位：%

	1971年	1975年	1980年	1985年	1990年	1995年	2000年	2008年	2010年	2015年	2019年
学前教育毛入园率											
中国		2.49	9.36	17.38	21.4	26.14	37	44	62.3[a]（2011）		81.7（2018）
印度	1.13	1.54		2.49	3.01	4.42	24	54	55		
俄罗斯					75.42	62.71	73	90	90（2009）		
美国	37.39	47.77	48.76	56.97	59.75	67.93	58	58	69		

续 表

	1971年	1975年	1980年	1985年	1990年	1995年	2000年	2008年	2010年	2015年	2019年
初等教育毛入学率											
中国			113.71	122.82	128.85	113.2		113	111	96.32	101.93
印度	78.77	83.54	83.59	88.38	93	96.7	94	117		108.49	96.83
俄罗斯				104.16	106.77	106.64	106	97	99（2009）	99.07	104.68（2018）
美国	87.91	89.06	99.72	99.24	104.97	102.61	100	99	102	100.30	101.26（2018）
中等教育毛入学率											
中国			51.49	38.15	38.46	51.62	61	76	81		
印度	26.79	28.88	32.94			45.86	46	60	63	73.87	73.79
俄罗斯				97.18	94.77			85	89	102.18	103.76（2018）
美国	83.94	84.65	92.66	96.25	92.19	95.82	93	94	96	97.65	99.28（2018）
高等教育毛入学率											
中国	0.06	0.51	1.12	2.36	3.07	4.61	8	23	26.9[a]（2011）		51.6
印度	4.92		4.96	5.9	6.01	5.59	10	15	18	24.5	
俄罗斯	46.01	43.03	45.25	52.93	53.55	43.24	55	77	76（2009）		
美国	47.13	51.17	53.37	58.96	71.71	77.35	68	83	95		

数据来源：根据 UNESCO Institute for Statistics, Global Education Database, 2013 年 4 月检索；UIS Statistics, 2021 年 1 月检索；《中国统计年鉴 2020》，北京，中国统计出版社，2020 年；a 系教育部提供数据。

基础教育在人才培养上具有奠基性的作用。①高中阶段教育是通往高等教育的最后一步。进入 21 世纪，中国加速发展高中阶段教育。国家“十五”计划提出到 2005 年高中阶段教育毛入学率要达到 60% 的目标，2005 年只达到了 52.5%。在“十一五”时期，高中教育进入了加速普及阶段，到 2010 年，高中阶段教育毛入学率为 82.5%，②2010 年，全国高中阶段教育在校生达 4671 万人，其中中等职业教育在校生达 2232 万人，占 47.8%。③这一时期，学前教育也得到了快速发展，到 2011 年学前教育毛入园率已经达到了 62.3%。“十二五”时期，高中教育进一步发展，2015 年高中阶段教育毛入学率达到 87%。“十三五”时期，高中教育普及程度进一步巩固，到 2019 年毛入学率达到 89.5%。

（3）高等教育相对差距

中国高等教育正在从“精英教育”向“大众化教育”转变。“十二五”时期高等教育迅速发展，2010 年高等教育毛入学率为 26.5%，到 2015 年提高至 40%；“十三五”时期高等教育进一步发展，2019 年，高等教育毛入学率达到 51.6%。④ 2009 年中国高等教育在校生规模就已超过美国，⑤中国成为高等教育在校生最多的国家。中国研究生在校生数 2000 年达到 30 万人，到 2019 年达到 286 万人，⑥根据联合国教科文组织的数据，2020 年中国高等教育研究生在校生数已经是美国的两倍。⑦

中国具有大学（大专以上）文化程度人口，从 2000 年的 4563 万人提高至 2010 年的 11964 万人；具有高中（含中专）文化程度人口，由

① 彭正梅，郑太年，邓志伟．培养具有全球竞争力的中国人：基础教育人才培养模式的国际比较 [J]. 全球教育展望，2016, 45(8): 67–79.
② 国家统计局．中国统计摘要 2020[M]. 北京：中国统计出版社，2020.
③ 国家统计局．中国统计摘要 2020[M]. 北京：中国统计出版社，2020.
④ 国家统计局．中国统计摘要 2020[M]. 北京：中国统计出版社，2020.
⑤ VOA, Education Report–Foreign Student Series: Financial Aid, 2009-02-04.
⑥ 国家统计局．中国统计摘要 2011[M]. 北京：中国统计出版社，2011: 167.
⑦ UNESCO Institute for Statistics.

2000 年的 14068 万人提高至 2010 年的 18799 万人，年平均增长率达到 2.94%；两者合计人数从 2000 年的 18631 万人提高至 2010 年的 30763 万人，已与世界第三大人口国家美国的总人口（2010 年 3.09 亿人）相当接近。

到 2035 年的这段时期，中国需要加速发展高中阶段教育和高等教育。[①] 2019 年，全国高中阶段教育在校生达 3990.8 万人，其中中等职业教育在校生达 1576.5 万人，占 39.5%，[②] 2019 年，高中阶段教育毛入学率进一步提高到 89.5%。2019 年，中国研究生招生数为 91.65 万人，报考人数呈增加趋势，普通本专科招生数为 914.9 万人，高中阶段教育毕业生数为 1282.7 万人。[③] 2010 年，中国大专及以上教育程度人口达到 1.2 亿人，美国相当于中国的 1.06 倍。

发展研究生教育对于促进国家经济发展和提升综合国力具有重要意义，美国世界领先的地位正是得益于其较为完善的研究生教育体系。[④] 研究生教育竞争力与经济发展竞争力之间具有较高的正相关关系。[⑤] 按照现在的趋势，我们初步估计，2020 年我国研究生文化程度人口将达到 1274 万人左右；大专及以上文化程度人口将达到 2.14 亿人，相当于美国的 1.39 倍；高中文化程度人口为 2.62 亿人，相当于美国的 3.04 倍（见表 3-14）。高中文化程度人口与大专及以上文化程度人口之和将

---

① 高中阶段教育包括普通高中、成人高中、中等职业教育等，高等教育包括普通本专科、成人本专科等。

② 国家统计局．中国统计年鉴 2020[M]. 北京：中国统计出版社，2020.

③ 国家统计局．中国统计年鉴 2020[M]. 北京：中国统计出版社，2020.

④ 廖晓玲，陈十一．《研究生教育：美国竞争力与创新力的支柱》解读 [J]. 学位与研究生教育，2013(4): 61-66.

⑤ 高耀，张琳，顾剑秀．中国省域研究生教育竞争力与经济竞争力协调度双层次因素分析与综合评估——兼论促进区域研究生教育布局优化的可能路径 [J]. 复旦教育论坛，2013, 11(3): 20-29.

超过那时美国的总人数，[①]相当于美国劳动力总量的约3倍。其中，研究生文化程度人口的中美差距将由2000年的20.04倍降至2020年的2.01倍。

表3-14 中国、美国高中及以上文化程度人口比较（1990—2020）

单位：百万人

	1990年	2000年	2010年	2020年	1990—2010年平均增长率（%）
高中文化程度人口					
中国	91.47	140.68	187.99	261.54	3.67
美国	101.25	96.75	91.62	86.14	−0.50
美国/中国	1.11	0.69	0.49	0.33	–
大专及以上文化程度人口					
中国	16	45.63	119.64	213.80	10.58
美国	84.42	101.57	126.63	153.78	2.05
美国/中国	5.28	2.23	1.06	0.72	–
研究生文化程度人口					
中国	0.1748	0.757	5.38	12.74	18.69
美国	11.44	15.17	21.25	25.63	3.15
美国/中国	65.45	20.04	3.95	2.01	–

数据来源：2020年数据系作者根据1990—2010年平均增长率估算；中国数据来源于《2010年第六次全国人口普查主要数据》，北京，中国统计出版社，2011年7月。美国数据来源于U.S. Department of Commerce，United States Census Bureau Database.

① 根据联合国数据，2020年美国总人口将达到3.37亿。见World Population Prospects: The 2010 Revision, https://www.un.org/development/desa/pd/sites/www.un.org.development.desa.pd/files/files/documents/2020/Jan/un_2012_world_population_prospects-2012_revision_volume-ii-demographic-profiles.pdf.

总的来说，到 2020 年，除了研究生文化程度人口外，高中文化程度、大专及以上文化程度人口数都将大大超过美国，成为中国全面超过美国（包括经济总量等其他指标）的最主要标志，同时也标志着中国实现建成人力资源强国的目标。

中国教育科学研究院国际比较教育研究中心曾将高等教育竞争力界定为：一个国家的高等教育产出在和别国比较时所具有的相对优势和能力。[①]高等教育作为一个国家智力教育的最高层次，反映着一个国家教育的最高水平，也对社会发展和创新起到重要的前瞻性引领作用，是教育竞争力的最高表现。高等教育竞争力是教育竞争力的核心。中国在过去几十年的发展征程中，在中等以下水平的教育建设已经基本达到或完成了超越。而在高等教育方面，中国的教育竞争力还有很大的提升空间。我国高等教育基础比较薄弱，但是近几年我国高等教育有了突飞猛进的发展，迅速缩小了同世界先进国家之间的差距，取得了极大的进步。因此可以预见，未来一段时期，我国教育竞争力提升的突破口和闪光点将集中在高等教育方面，而高等教育竞争力的提升也将最终标志着我国教育竞争力的全面综合提升。

提升高等教育竞争力的一个重要举措就是鼓励和支持中国大学进入世界 500 强大学。世界 500 强大学是世界级大学的重要标志，与世界 500 强企业有类似之处，可以将世界 100 强大学视为世界一流大学。中国大陆进入世界 500 强大学的数量由 2005 年的 8 所上升为 2020 年的 71 所，与此同时，美国进入世界 500 强大学的数量大幅度减少（见表 3-15）。为此，可以提出两大目标：一是中国进入世界 500 强大学的数量大幅度增加；二是中国进入世界 100 强大学的数量明显增加。

① 王素，方勇，孙毓泽．高等教育竞争力：模型、指标与国际比较 [J]. 教育研究，2012(7): 122-129.

表3-15 中国、美国进入世界500强大学数（2005—2020）

地区	世界大学学术排名						变化量	QS 世界大学排名						变化量
	2005年	2007年	2010年	2012年	2015年	2020年		2009年	2010年	2011年	2012年	2015年	2020年	
美国	168	166	154	150	146	133	−35	103	108	102	99	97	89	−14
中国（含港澳台地区）	18	25	36	42	44	81	63	25	24	29	36	35	42	17

数据来源：世界大学学术排名（上海交通大学）；QS世界大学排名。

3.3.2 人才相对差距

人的现代化是教育现代化的核心，教育现代化通过提升人的现代性、促进人的现代化为社会积聚人才。[①]人才资源已经成为21世纪的第一资源。人才是具有正外部性、能够创造新增社会价值的人。这其中包含三层意义：第一，人才的产品属性决定了其能够产生正外部性，具有较强的外溢性，会产生巨国效应；第二，人才能够创造社会价值，包括经济价值、科学价值、技术价值、文化价值、生态价值等，这类价值具有社会意义，并不局限于某一个人或者家庭；第三，人才所创造的社会价值属于新增加的价值，即属于流量概念，而不是指不变的原有的价值存量部分。由此定义进行引申，所谓优秀人才，即那些能够创造重要的、更多新增的社会价值、并且能产生更大的正外部性与规模效应的人。

当前的人才队伍建设分为五个领域两个层次。五个领域包括：党政、企业经营管理领域、专业技术领域（包括自然科学与工程以及社会科学与专业）、农村和社会组织。特别需要提出的是，社会组织（也称为民间组织或非营利组织）人才不仅是指那些具有政府背景的社会组织

① 冯建军.超越“现代性”的中国教育现代化：人的现代化视角[J].南京社会科学，2019(9):133-138, 156.

的领导管理人才，还包括草根性的民间组织的领导和管理人才。在未来的人才发展战略中，要高度重视社会组织在社会建设和发展中的重要作用，把社会组织领导和管理人才纳入国家的人才战略体系。两个层次指拔尖创新人才和专业实用人才具有不同的含义和性质，对社会进步和发展发挥互补性的作用。

中国作为工业化的后来者，也作为现代教育的后来者，显示了后来者的后发优势，只要政府加强人力资本投资，可以看到在各国比较中，中国的人均受教育年限增长是最快的，就可以加速教育追赶，英国人均受教育年限从 2 年到 11.66 年花了 153 年（1820—1973），美国人均受教育年限从 1.75 年到 11.27 年花了 130 年（1820—1950），日本人均受教育年限从 1.5 年增长到 12 年花了 103 年（1870—1973），而中国从 1.6 年到 10.2 年只花了 53 年（1950—2003）。到 2020 年，中国 15 岁以上人口平均受教育年限将达到 10 年，与 2005 年 OECD 国家平均受教育年限（11.5 年）相差 1.5 年；15—64 岁人口达到近 10 亿人，总人力资本将达到 99.6 亿人年，占世界总数的 25.2%，相当于 1950 年的 29.5 倍（见表 3-16）。巴罗（Barro）和李（Lee）（2010）的数据分析显示，[①] 1950 年以来，世界各国 15 岁以上人口的平均受教育年限从 3.17 年增加到 2010 年的 7.76 年，其中发展中国家从 2.05 年增加到 7.09 年，发达国家从 6.22 年增加到 11.03 年。1960—2000 年间，中国人力资本年平均增长率为 3.48%，明显高于世界平均增长率（0.94%）和发达国家平均增长率（0.81%）。这意味着中国花了 70 年的时间，实现了从一个文盲充斥、愚昧落后的人口大国，到一个世界人力资源大国，进而再到一个世界人力资源强国的转变。

中国总人力资本的加速增长，不仅来自劳动年龄人口的增长，更来自人力资本水平明显提高。1950 年中国总人力资本为 3.38 亿人年，到 1982

① Robert J. Barro, Jong-Wha Lee. A New Data Set of Educational Attainment in the World, 1950—2010. NBER Working Paper Series. http://www.nber.org/papers/w15902.

年上升为33.32亿人年，这一时期年平均增长率为7.4%，这是因为1950年我国的起点太低，平均受教育年限只有1年。到2005年，已达到了75.48亿人年，相当于1982年的2.27倍，年平均增长率为3.6%，这是因为1982年的起点较高，我国的平均受教育年限已经达到了5.33年。可以认为，中国已经成为世界人力资源大国，这成为中国最大的发展优势。从占世界比重来看，1950年中国总人力资本只占世界的5.5%，到1982年达到21.1%，2005年进一步提高到25.8%，到2020年中国人口占世界的比重仅为18.6%，但是总人力资本占世界的比重仍然达到了25.2%，通过人力资本的开发一定程度上抵消了人口下降带来的负面效应。

表3-16 中国总人力资本及占世界比重（1950—2020）

	1950年	1960年	1982年	1990年	2005年	2020年
15—64岁人口（100万人）	337.78	363	625.17	762.6	887.98	996.04
占总人口比例（%）	62	56.3	61.5	66.7	70.15	69.6
平均受教育年限（年）	1	2	5.33	6.43	8.5	10
总人力资本（10亿人年）	0.338	0.726	3.332	4.881	7.548	9.96
占世界比重（%）	5.5	9	21.1	23.6	25.8	25.2

数据来源：1950—1960年数据来源于Population Division of the Department of Economic and Social Affairs of the United Nations Secretariat, World Population Prospects: The 2008 Revision, https://www.un.org/development/desa/pd/sites/www.un.org.development.desa.pd/files/files/documents/2020/Jan/un_2012_world_population_prospects-2012_revision_volume-ii-demographic-profiles.pdf. 1982—2005年数据来源于《新中国五十五年统计资料汇编》《中国统计年鉴2006》；2020年数据系作者估算。

3.3.3 科技相对差距

科技进步与创新是美国国际竞争力得以提高的基础。[①]改革开放以来，

① 胡列曲．国家竞争力与90年代以来美国提高国家竞争力的主要经验[J]. 世界经济与政治论坛，2000(2): 11-13.

中国科学创新能力与美国的差距不断缩小，表现为中国与美国的科技论文发表数量差距不断缩小，1980 年，中国与美国的相对差距高达 198.5 倍，到 1990 年为 26.8 倍，而后这一相对差距迅速缩小，到 2000 年又缩少至 7.7 倍，到 2011 年已经缩小为 2.1 倍（见表 3-17）。

表3-17 国际科技论文发表数占世界比重（1980—2011）

单位：%

	1980年	1985年	1990年	1995年	2000年	2005年	2009年	2010年	2011年
中国	0.2	0.6	1.3	1.7	3.7	7.2	10.9	12.3	14.1
美国	39.7	33.5	34.9	31.4	28.6	28.8	29	25.8	30.1
欧盟[a]	32.2	28.1	29.6	31.6	34.2	33.1	36.5		
日本	7.2	7	7.6	8	9.6	8.6	6.7	6.4	6
苏联（俄罗斯）[b]	5.7	6.3	6.2	3.3	3.3	2.6	2.6	2.1	2
美国 / 中国	198.5	55.8	26.8	18.5	7.7	4	2.7	2.1	2.1

说明：本表系作者根据有关资料计算。a. 欧盟系 27 国；b. 苏联 1980—1990，俄罗斯 1995—2011。

资料来源：科学网（Web of Science）数据库。2010、2011 年数据系作者根据科技部公布的《科技统计数据 2011》《科技统计数据 2012》计算。

中国科技论文发表数量的增长率是惊人的，远胜于世界上其他任何国家。汤姆森·路透（Thomson Reuters）集团利用科学网数据库研究表明，自 20 世纪 90 年代中期开始，中国的科技论文产出数开始直线激增，从 1998 年的 2 万多篇增加到了 2008 年的 11.2 万篇。从 2006 年起，中国的论文数量先后超过了日本、英国和德国，仅次于美国，位列世界第二。该报告认为，按照这样的发展趋势，中国将在下一个十年内超过美国，成为世界科技论文发表第一大国。①

① 汤姆森·路透集团 .《世界研究报告》系列报告之一 [R]. 2009-12.

从科学论文的质量来看，中国也在不断提高，在世界的位次不断上升。通常衡量一个国家的科学论文质量主要依据于一段时期内（指十年段）被引用的次数及在世界的排位变化。根据SCI数据库统计，1994—2004年十年段，中国科学论文被引用次数排在世界第18位；2001—2011年（截至2011年11月1日）十年段，我国科技人员共发表国际论文83.6万篇，排在世界第2位；论文共被引用519.1万次，排在世界第7位；平均每篇论文被引用6.21次。①我国有12个学科的论文被引用次数排在世界前10位，其中化学、材料科学、工程技术、数学等4个领域论文的被引用次数均排名世界第2位。②2003—2013年十年段，中国科学论文被引用的次数已进入世界前5位（见表3-18），平均每篇论文被引用6.92次，提前7年实现《国家中长期科学和技术发展规划纲要（2006—2020年）》所提出的“国际科学论文被引用数进入世界前5位”的目标。③2009—2019年十年段，我国科学论文被引用次数稳居世界第2位，论文共被引用2845.2万次，平均每篇论文被引用达10.92次。

表3-18 中国十年段科学论文平均被引用次数及世界排位变化（1994—2019）

时期	世界排位	平均每篇论文被引用次数
1994—2004	18	
1995—2005	14	
1996—2006	13	
1997—2007	13	

① 中国科技信息所．中国科技论文统计结果（2011）[R]. 2011-12-02.

② 中国在2001—2011年十年段被引用次数在各学科前1%的高被引论文数量已经排在世界第6位；被引用次数在各学科前1‰的热点论文排在世界第5位；2010年中国发表在*Cell, Nature, Science*等享有较高学术声誉的科技期刊上的论文数量排在世界第9位；2010年中国在世界各学科顶尖期刊上发表的论文数量居世界第2位。中国科技信息所．中国科技论文统计结果（2011）[R]. 2011-12-02.

③ 国务院．国家中长期科学和技术发展规划纲要（2006—2020年）[Z]. 2006-02-09.

续 表

时期	世界排位	平均每篇论文被引用次数
1998—2008	10	4.6
1999—2009	9	4.6
2000—2010	8	5.2
2001—2011	7	6.2
2002—2012	6	6.5
2003—2013	5	6.92
2004—2014	4	7.57
2005—2015	4	8.14
2006—2016	4	8.55
2007—2017	2	9.40
2008—2018	2	10
2009—2019	2	10.92

注：以SCI数据库统计。

数据来源：中国科技信息所中国科技论文统计结果（2009），（2010），（2011），（2012），（2013），（2014），（2015），（2016），（2017），（2018），（2019）。

改革开放以来，全民各类知识生产与传播也进入黄金时代，中国迅速成为世界报刊大国。从历史上看，中国一直就是农业文明时代的知识大国，也是图书大国，但是，当西方进入文艺复兴时代之后，中国却成为现代文明的知识小国、图书小国。据郑也夫研究，截至1600年，西方拥有的图书是125万种，中国拥有的图书是1.4万种，前者是后者的89倍。而到了1900年，西方的图书种类达到1125万种，中国的图书种类则是12.6万种，同样是89倍。据文献学家统计，从两千年前到辛亥革命，我国一共出版了20万种图书。此后中国用100年的时间，重新成为世界知识文化大国。2011 年，全国出版图书高达 37 万种，仅一年的出版量就大大超过了两千年前到辛亥革命的出版量的总和。[①]1996—2010 年，全国累计出版图书 298 万种，其中新出版图书 173 万种，占出版图书总数的 58.1%，累计总印册达到 1022 亿册；全国累计出版期刊总印数 428 亿册，累计出版报纸总印数 5619 亿份，2019 年全国出版图书增长至 50 余万种（见表 3-19）。此外，中国电子音像出版物也有极大增长，2010 年，全国共出版音像制品 10639 种，出版数量 2.39 亿盒（张），出版电子出版物 11175 种、25911.86 万张；2019 年全国出版录音录像制品 10712 种，数量 2.32 亿盒（张），出版电子出版物 9070 种，共计 29261.9 万张。我国数字出版产业与数字阅读人口呈现“双增长”态势，2012 年，我国数字出版产业总产出达 1935.49 亿元，数字出版产业累计用户规模达到 11.82 亿人。[②]中国正在进入一个知识大爆炸、知识大传播、知识大分享的知识时代。中国已经成为世界知识文化生产大国、传播大国，正在成为出口大国，显示了中国的崛起是一个古老文明文化的伟大复兴。

表3-19 全国图书期刊报纸出版情况（1996—2019）

时间	图书品种数（种）	新出版图书品种数（种）	总印册（亿册）	期刊品种数（种）	期刊总印数（亿册）	报纸品种数（种）	报纸总印数（亿份）
“九五”时期	648739	372281	352.92	40745	130.73	10410	1509.92
“十五”时期	946646	553096	327.2965	45950	143.8	10220	1917
“十一五”时期	1386483	803552	342.0006	48030	153.4846	9812	2192.524

① 张贺．每年出书 37 万种，意味着什么 [N]. 人民日报，2013-04-22.
② 中国新闻出版研究院．2012—2013 中国数字出版产业年度报告 [R]. 2013-07.

续 表

时间	图书品种数（种）	新出版图书品种数（种）	总印册（亿册）	期刊品种数（种）	期刊总印数（亿册）	报纸品种数（种）	报纸总印数（亿份）
2011 年	369523	207506	77	9849	32.9	1928	467.4
2015 年	475768	260426	86.6	10014	28.8	1906	430.1
2019 年	505979	224762	106	10171	21.9	1851	317.6

数据来源:《中国统计年鉴 2020》，北京，中国统计出版社;《中国统计年鉴 2012》，北京，中国统计出版社;《中国统计摘要 2013》，北京，中国统计出版社。

第四章 中国建设教育强国：发展定位与战略路径

优先发展教育，建设教育强国，是贯彻“以人民为中心”发展理念的具体路径。投资于人民教育，推进教育现代化，对全体人民进行持续人力资本投资是促进全体人民全面发展的根本途径。教育始终为革命和经济建设服务。在革命战争时期，毛泽东同志要求教育要紧密配合革命工作，提出：“使文化教育为革命战争与阶级斗争服务。”① 在抗日战争时期，提出实行抗战的教育政策，使教育为长期抗战服务。在进入社会主义时期之后，则要求教育同各种经济事业相配合，更好地为社会主义建设服务。② 当前，我国正处于教育现代化的攻坚发展期，处于前所未有的教育实力、国际竞争力与国际影响力迅速崛起的黄金机遇期。我们要清晰认识教育强国的战略定位，前瞻性地研究经济社会发展大趋势，并根据国民经济和社会发展的总体要求对教育强国战略超前部署，明确建设教育强国的战略取向。

4.1 教育强国发展定位

强国必先强教。党的十九大报告明确提出要“优先发展教育事业。建设教育强国是中华民族伟大复兴的基础工程，必须把教育事业放在优先位置，深化教育改革，加快教育现代化，办好人民满意的教育”。这为教

① 冯裕强．“没有闲散的人，基本上都被发动起来了”——回望中央苏区的“文化扶贫”[EB/OL].(2018-06-25)· http://dangshi.people.com.cn/n1/2018/0625/c85037-30081972.html.

② 王燕晓．毛泽东的全面教育思想研究 [M]. 北京：北京师范大学出版社，2011.

育强国给出了清晰的发展定位。中共中央印发的《深化党和国家机构改革方案》提出组建中央教育工作领导小组，这为加强党中央对教育工作的集中统一领导，奠定了制度基础。同时，这也说明推进教育现代化和建设教育强国，在全面现代化强国工作中占据更加重要的地位。

教育强国将全面支撑中国特色社会主义强国目标体系。党的十九大报告提出了到21世纪中叶把我国“建成富强民主文明和谐美丽的社会主义现代化强国”的宏伟目标，为此还提出了13项分类强国目标，包括人才强国、制造强国、科技强国、质量强国、航天强国、网络强国、交通强国、海洋强国、贸易强国、文化强国、体育强国、教育强国、强军战略，即形成“1+12”覆盖经济、政治、文化、社会、生态、国防等多维度多层次的强国目标体系。其中，“教育强国”是其余12项强国目标的基础，在整个强国目标体系中发挥基础性、先导性作用。比如就加快建设人才强国而言，教育是人才培育、人才成长的必经过程，同时又是人才吸引、人才发展的重要依托，是人才后代的教育条件和质量保障，也是能否留住人才的重要决定性因素。类似地，其他强国目标也都与教育强国有着泛在联结与互动。因此，建设教育强国，是国家现代化建设的基础工程，是实现中华民族伟大复兴的“高速公路”。

具体来说，教育强国与社会主义现代化强国之间的逻辑关系如图4-1所示，即建设教育强国要通过发展教育公平、质量、效率、开放四个维度，促进人的全方位现代化，而人的现代化又具体体现为立德树人、提高劳动技能、创业创新能力、终身学习能力、人口流动能力、提高收入能力等方面。劳动者各方面能力和素质的提高，将从多个方面影响经济社会发展。如立德树人将促进开发人才资源、促进文化传承；提高收入有助于拉动消费、扩大内需，从而推动高质量经济社会发展，进一步促使国家战略性资源发生新的变化，包括人才资源、知识/文化资源、信息资源、资本资源、科技资源、经济资源、国际资源等多类资源的积极变化，对应地分别促进科技强国、人才强国、文化强国等建设，最终支撑社会主义现代化强国目标（见图 4-1）。同时，强国目标的实现反过来作用于教育强国建设，促进教育强国朝着更加光明的前景发展。因此，教育现代化是国家战略的先导，全面支撑人才强国战略、创新驱动发展战略。此外，教育在转变发展方式、促进可持续发展中具有重要地位，在改善社会民生、建设和谐社会中具有首要地位，在完善政治民主、促进文化繁荣中具有基础地位，在深化对外开放、增强国际竞争力中具有特殊地位。

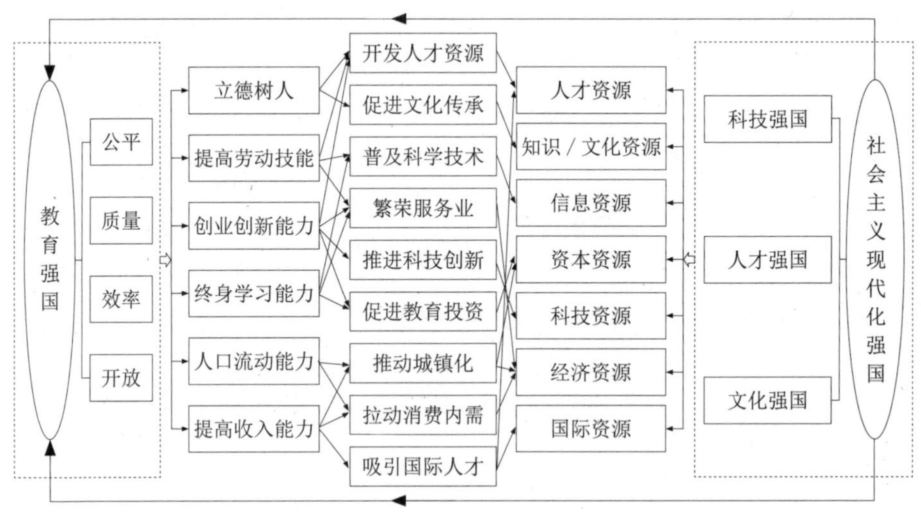

图4-1 教育强国与全面建设社会主义现代化强国的逻辑关系

4.2 建设教育强国经济社会结构基础

4.2.1 人口结构趋势：老龄化、少子化、城镇化

从中国人口发展趋势看，总人口增长达到最高峰。在全面放开二孩政策的情况下，到 2020 年，总人口将达到 14.2 亿人；到 2030 年，总人口将达到 14.4 亿人。劳动年龄人口波动下降，劳动力老化程度加重。

我国劳动年龄人口比重到2020年下降至71.2%，预计2035年将下降至66.6%，2050年将进一步下降至61.3%。劳动年龄人口比重下降，从总量上看有助于缓解就业压力，但是从结构上看，凸显了劳动力有效供给约束，人口红利减弱。因此我国通过实施创新驱动发展战略、人力资源强国战略、人才强国战略，释放创新红利、人力资源红利、人才红利，来抵消人口红利减弱效应。

未来35年，中国人口发展将呈现重大转变。迅速少子化，少儿人口比重呈下降趋势。直接影响从学前到中等教育在校生规模，但有助于提高人均学生教育经费支出。0—14岁人口因全面放开二孩，呈现短期增长，从2015年的2.22亿人上升至2020年的2.42亿人，这主要是2016年全面放开二孩政策效应累加的结果。不过，该政策效应毕竟不可持续，2020年之后，我国0—14岁少儿人口比重将逐渐下降，而后则持续下降，到2030年将降至17%左右。[①]

我们根据全球发展模型预测，尽管我国劳动年龄人口比重下降，但是2015—2050年我国总体就业率并没有发生相应的下降（见表4-1第四行），反而还略微有所上升。主要原因有三点：一是我国老年人口仍然保持着较高的劳动参与率。根据2015年第四次60岁及以上老年人口1%抽样调查数据，我国60岁及以上老年人口劳动参与率的比重平均为34.7%，其中城镇户口老年人口劳动参与率为19.3%，农村户口老年人口劳动参与率高达41.4%。二是我国保持较高的妇女劳动参与率，实行男女同龄退休制度安排，还会进一步提高劳动参与率。三是随着人口预期寿命不断提高，预计到2030年平均寿命将达到79岁，特别是女性将达到81岁以上，与此同时，如果不断提高法定退休年龄，在此基础上实行自愿的灵活性退休，那么中国仍可保持世界最高的总人口就业率。

① 国务院．国家人口发展规划（2016—2030年）[R]. 2016-12-30.

表4-1 我国人口年龄结构与总体就业率（2015—2050）

单位：%

指标	2015 年	2019 年	2030 年	2035 年	2050 年
0—14 岁人口比重	16.5	16.8	16.8	16.3	15.2
15—64 岁人口比重	73	70.6	68	66.6	61.3
65 岁及以上人口比重	10.5	12.6	15.2	17.3	23.5
总人口就业率	56.34	55.33	56.91	56.92	56.95

说明：总人口就业率是指实际就业人数与总人口之比。

数据来源：2015 年数据来源于《中国统计摘要 2017》，北京，中国统计出版社，2017 年；2019 年数据来源于《中国统计摘要 2020》，北京，中国统计出版社，2020 年；2030—2050 年数据系作者根据卫计委提供的数据估算。

4.2.2 产业结构趋势：服务业、知识密集、高技术产业占比上升

从中国产业结构发展趋势来看，两个比重下降一个比重上升，即第一产业、第二产业下降，第三产业上升。这显示了我国产业结构的重大变化，符合工业化、服务业化、现代化的发展规律，反映了我国正在进入后工业化时代，即现代服务业主导时代。

未来 35 年我国的产业结构仍将发生重要变化（见表 4-2）。党的十九大报告站在新的历史起点上，对建设现代化经济体系做出了全面部署。①从产业结构变迁的视角看，第一产业增加值比重将会不断下降，到 2035 年为 5.3%，2050 年进一步下降为 4%，农业现代化水平如现代农业产业体系、现代物质装备、现代农业科技、现代农业机械化信息化、现代农业经营体系和社会化服务体系等达到发达国家水平。第二产业增加值比重会下降得更加明显，到 2035 年降至 29.1%，2050 年进一步下降至 25.5%左右，其中主要是工业增加值比重持续下降，到 2035

① 习近平. 决胜全面建成小康社会 夺取新时代中国特色社会主义伟大胜利——在中国共产党第十九次全国代表大会上的报告 [N]. 人民日报，2017-10-18.

年降至 22.1%，2050 年降至 20% 以下。第三产业增加值将会迅速上升，从 2015 年的 50.2% 上升到 2035 年的 65.6%，2050 年上升至 70.5%。其中，知识经济（特别是知识服务业）将成为我国的主要产业之一，高端制造业、旅游业、健康与养老产业、文化产业等进入高速增长阶段；数字经济、网络经济等将成为我国国民经济和社会发展基础性经济，渗透到全社会、全人口、全家庭，进入全服务领域。

表4-2 我国产业结构变化（2015—2050）

单位：%

产业	2015年	2019年	2020年	2030年	2035年	2050年	中上等收入国家	高收入国家
第一产业	8.8	7.1	7.2	6	5.3	4	7.3（2014）	1.6（2013）
第二产业	40.9	39	36.8	31.6	29.1	25.5	35.8（2014）	24.5（2013）
工业	34.3	32	29.9	23.5	22.1	<20	–	–
第三产业	50.2	53.9	55	62.4	65.6	70.5	56.8（2014）	73.9（2013）

数据来源：2015 年数据来源于《中华人民共和国 2015 年国民经济和社会发展统计公报》；2019 年数据来源于《中国统计摘要 2020》；2020—2030 年数据系作者估计；其他数据来源于世界银行数据库。

4.2.3 就业结构趋势：服务业是最大新增就业产业

所谓就业结构主要是指就业人口在国民经济各部门的分布。它反映了不同发展阶段的不同特征，总的发展规律和趋势就是第一产业比重持续下降，第二产业比重是先上升后下降，第三产业呈持续上升的趋势。我国的就业结构基本符合这一趋势。2002 年在制定党的十六大报告时，就提出到 2020 年基本实现工业化目标。对此，时任国家发展计划委员会主任的曾培炎曾提出一个重要指标，就是农业从业人员比重要从 2000 年的 50% 降至 2020 年的 30% 左右。实际上 2017 年这一比重已下降至 27.7%，提前实现了原定目标。这反映了我国在就业结构方面的升级优化取得了重大进展，并形成了良性发展的基本趋势。

未来时期，服务业不仅是中国最大的就业产业，还是最大的新增就业产业。我国就业结构按照上述发展规律和轨迹演变，并与产业结构演变同方向、相匹配、相作用。基本趋势是(见表4-3)：第一产业就业人员将会持续减少，就业比重从2015年的28.3%下降到2019年的25.1%，2035年将下降为10.8%，2050年进一步下降为7.1%，与此同时，农业劳动生产率水平持续提高，与发达国家的相对差距持续缩小。第二产业就业比重从高峰转向下降趋势，从2015年29.3%的高峰点下降到2019年的27.5%，之后将持续下降到2035年的23.5%，2050年进一步下降到19.6%，与此同时，随着人均物质资本、人力资本、技术资本水平不断提高，劳动生产率水平持续大幅度提高，有可能超过发达国家的水平。第三产业成为中国最大的就业部门，就业人员比重持续上升，从2015年的42.4%上升到2019年的47.4%，并将持续上升至2035年的65.7%，接近中等发达国家比重，到2050年上升至73.3%，达到发达国家比重。上述发展趋势都反映了我国现代化经济体系的重大演变和阶段性进展，从初步发达到中等发达，再到发达水平。

表4-3 中国就业结构变化（2015—2050）

单位：%

产业	2015年	2019年	2020年	2030年	2035年	2050年	中上等收入国家	高收入国家
第一产业	28.3	25.1	22.5	12.9	10.8	7.1	21（2019）	2.8（2019）
第二产业	29.3	27.5	27.8	26	23.5	19.6	25.6（2019）	22.8（2019）
第三产业	42.4	47.4	49.7	61.1	65.7	73.3	53.4（2019）	74.5（2019）

注：标有年份的数据系年均变化量。

数据来源：2015年、2019年数据来源于《中国统计摘要2020》；2020—2050年数据系作者估算。中上等收入国家、高收入国家数据来源于World Bank Open Data：https://data.worldbank.org/

4.3 教育强国“分步走”战略

建设教育强国就是实现教育现代化的过程。这是现代教育要素在全体人民身上不断发展、不断满足、不断平衡、不断加强的过程。优先建设教育强国将有力推动社会全面进步，实现全体人民的人力资本水平、发展能力、发展成就共同提高，实现人的全面发展，促进全体人民共同富裕。教育强国战略就是要推动我国教育质量、教育结构、教育公平、教育开放进入新发展阶段，极大促进教育治理体系和教育治理能力现代化，促进教育资本中的研发资本、人力资本、物质资本等各类资本向人才、文化、科技创新不断转化，为到2035年基本实现社会主义现代化、到2050年全面建成社会主义现代化强国，奠定教育基础、人才基础、科技基础和文化基础。为此，建设教育强国的战略取向就是要用新发展理念引领教育现代化，全面贯彻“以人民为中心”“以教育为中心”的思想，加快建立现代化教育体系。

面向未来，中国如何从人力资源大国迈向人力资源强国？中国如何实现教育现代化？又如何缩小同世界高水平教育的差距？1982年以来的历次党代会报告进一步阐述了中国创新之路的“上台阶”“分步走”战略目标和战略部署，每五年（指一个“五年规划”）上一个台阶，每十年上两个台阶，相当于一大步，每二十年就是两大步。《教育规划纲要》，就是为基本实现教育现代化做出的全面规划和部署。这里我们需要进一步细化2025年教育现代化目标和追赶对象，同时也对2035年长期目标做一展望。

第一步：到2025年，基本实现教育现代化，基本形成学习型社会，进入人力资源强国行列，基本建成世界人才强国。

从具体改革措施来看，一方面，推进国民教育体系改革，提高教育质量，转变教育发展方式，将教育发展全面纳入科学发展轨道；另一方面，加快全社会教育总经费投入，鼓励、带动民间资本投入，使人民投资于教育，投资于未来。形成全社会关注教育、重视教育、投资教育的教育生态。

第二步：到2035年，率先实现教育现代化，构建世界上最大规模的全民学习、终身学习、灵活学习的学习型社会，建成世界上最大规模的人力资源强国，建成世界最大规模的教育强国，建成人人分享、人人共享的教育公平社会，形成充满活力的现代化教育体系，为全面现代化宏伟目标的实现奠定基础。教育发展更加立足本土教育经验，深入继承我国优秀教育传统。

具体来看，到2035年，主要教育发展指标达到或接近美国水平，平均受教育年限接近甚至超过美国。从总体预期受教育年限来看，不包括学前教育的预期受教育年限与美国的差距进一步缩小，考虑学前教育的预期受教育年限将达到或超过美国。总体来看，中国将由一个人力资源大国转变为名副其实的世界人力资源强国和人才强国，建成世界上最大的全民学习、终身学习、灵活学习的学习型社会，成为“人人皆学、处处可学、时时能学”的“学习之邦”，使十几亿人民“学有所教、学有所成、学有所用”。预计到那时，中国人力资源将占世界总量的二分之一，成为我国参与国际合作、进行国际竞争的最大竞争优势，成为我国实现伟大复兴“中国梦”的最大资源优势。

第三步：到2050年，全面实现中国特色社会主义教育高度现代化。在人均GDP达到美国的约70%的情况下，达到世界一流水平，为人类教育事业发展做出开拓性贡献。中国特色社会主义教育现代化成为第二个百年目标的重要内容，形成立足本土、超越西方的创新型现代教育，全面发挥教育对经济社会的指挥棒作用。到那时，中国可以为世界培养或吸引数千名世界一流科学家、数万名具有国际竞争力的企业家、数千万科技工作者、数以亿计的人才队伍，不仅能对中国经济发展、社会进步、文化繁荣做出更大的贡献，而且能对人类发展与世界和平做出引领性、创新性贡献。

4.4 2035 中国对教育战略的基本要求

中国共产党第十九届中央委员会第五次全体会议将教育强国定位为 2035 年基本实现社会主义现代化的远景目标之一，并提出“十四五”时期要“建立高质量教育体系”，使得“全民受教育程度不断提升”。未来十几年是建设教育强国的黄金时期，我们必须牢牢把握历史机遇，全力构建面向 2035 年的教育强国战略体系。充分体现“以学生为中心、以受教育者为中心”的理念，构建覆盖人的全生命周期、教育全过程，涵盖全部人群、全体人口、现代化全局的教育强国战略体系，提高受教育者的教育水平，提高人民发展能力，服务于中国 2035 年及更长远目标，以教育现代化制度建设为核心任务，提升教育治理体系与治理能力现代化水平。①具体来看，中国建设教育强国要发展“具有中国特色、世界水平的现代教育”②，要在五个方面持续推进并显著改善。

4.4.1 推进教育覆盖人的生命周期，促进人的全面发展

进入后工业化时代，对“人才”的界定标准逐渐复杂，认知能力、创新能力、社交能力以及处理复杂问题的综合能力，将成为未来劳动力市场的主导需求。③教育现代化与教育强国建设的主要任务，就是促进人的现代化，就是通过具有现代精神的教育、通过教育的现代化，把传统人、受教育者“化育为”现代人，使其具有平等开放、民主法治、科

---

① 陈金芳，万作芳．教育治理体系与治理能力现代化的几点思考 [J]. 教育研究，2016, 37(10): 25-31.

② 深入学习贯彻习近平同志关于教育工作的重要论述 [N]. 人民日报，2014-09-10.

③ 孙乐强．后金融危机时代的工业革命与国家发展战略的转型——“第四次工业革命”对中国的挑战与机遇 [J]. 天津社会科学，2017(1): 12-20.

学创新等现代素质。[①]坚持把“立德树人”作为中心环节，促进人的全面发展。这也是制定国家教育中长期规划的微观基础，即从人的发展生命周期出发，对不同的阶段进行各种持续的人力资本投资，建立覆盖人的生命周期的终身教育服务体系，把思想政治工作贯穿教育教学全过程，以“核心素养体系”为学生成长固本强基。根据人的发展生命周期，以及教育发展能力，在婴儿出生前后期提供孕产妇健康教育；在学龄前儿童期，提供三年学前教育、为少数民族儿童提供双语教育、为儿童父母提供教育培训；在少儿期，提供小学、初中义务教育、双语教育；在高中年龄期，提供高中教育、中等职业教育；在高等教育年龄期，提供大专教育、本科教育、研究生教育；在成年期，持续提供职业培训、技能培训、继续教育；在老年期，提供老年教育、终身教育。对不同年龄阶段的不同人群进行各种持续的人力资本投资，提供各种可及性教育培训服务，进而提高人的各种发展能力。

4.4.2 推进创新驱动发展与提高教育质量协同并进

面对日益激烈的国际竞争，我们必须把创新摆在国家发展全局的核心位置，不断推进理论创新、制度创新、科技创新和文化创新，坚持创新驱动战略。[②]通过教育领域创新发展，提高教育教学质量；通过改善教育质量，实现创新驱动发展转型。推进教育领域创新驱动发展战略，改革教育发展体制机制，激发教育活力和创造力，全面提高教育质量。通过创新教育制度，创新育人方式，构建教育质量保障体系。积极发展“互联网+”教育，构建教育信息化服务供给体系、扩大资源覆盖面，推进教育信息化供给侧改革、教育治理体系和治理能力现代化。[③]完善教育投入保障机制，推进创新人才培养，推动双一流建设再上新台阶。

---

① 褚宏启 . 我们需要什么样的教育现代化与教育强国 [J]. 人民教育 , 2018(20):16–20.

② 田慧生 . 协同创新 提高质量 为加快推进教育现代化提供智力支持 [J]. 教育研究 , 2017, 38(3): 9–15.

③ 任友群 , 万昆 , 赵健 . 推进教育信息化 2.0 需要处理好十个关系 [J]. 现代远程教育研究 , 2018(6): 3–11.

"创新的事业呼唤创新的人才"，更高质量的教育将增强学生就业创业能力，为经济社会发展提供更高水平的创新人才与创新科技，推动全民创业、万众创新，促进科技创新成果转化，为提升国家科技创新能力和建设人才强国做出积极贡献。教育促进创新表现为科学创新、技术创新、智力创新等。推进教育创新发展，核心在高等教育创新发展。大学是培养学生现代素质的关键；[①]大学是一个国家科学研究，特别是基础性科学研究的基地，成为我国科学创新的主体；大学也是国家技术创新的重要载体，在服务国家、服务地方、服务社会方面发挥重要创新作用；大学还是国家大脑（智库）的重要组成部分，在服务国家和地方重大决策方面发挥了智力创新作用。推进教育领域实施创新驱动发展战略，"要深化教育改革，推进素质教育，创新教育方法，提高人才培养质量，努力形成有利于创新人才成长的育人环境"。[②]通过创新教育制度，创新育人方式，构建教育质量保障体系，完善教育投入保障机制，推进创新人才培养，推动"双一流"建设再上新台阶。从国家财政教育投入来看，确保财政一般公共预算教育支出逐年只增不减，确保按在校学生平均人数的一般公共预算教育支出逐年只增不减。"创新的事业呼唤创新的人才"，更高质量的教育将提高学生就业创业能力，为经济社会发展提供更高水平的创新人才与创新科技，推动全民创业、万众创新，促进科技创新成果转化，为提升国家科技创新能力和建设人才强国做出积极贡献。

4.4.3 推进教育体系包容性，促进社会公平正义

教育改革要以结构性改革作为发展主线，以经济社会发展和人民群众需求作为调整方向，以教育发展不平衡和不充分为主要矛盾，实现教育整体进步，提高教育对经济社会持续健康发展的积极贡献。一是优化

① 卢晓中．教育现代化视域下人的现代化与大学素质教育 [J]. 中国高教研究，2017(6): 13–17.

② 敏锐把握世界科技创新发展趋势 切实把创新驱动发展战略实施好 [N]. 人民日报，2013-10-02.

教育结构调整和要素配置，提高教育体系的供给效率；二是改革教育供给方式，鼓励民办教育发展，加快发展现代职业教育，培养经济社会发展急需人才，服务国家重大战略和产业发展；三是实现更高水平的普及教育，进一步提高新增劳动力平均受教育年限，为我国的劳动力市场注入巨大教育红利。受地理空间集聚特点、经济发展程度差异、区域性教育政策供给和各级政府教育职责履行状况等方面的制约，我国城乡义务教育在过去较长时间内处于不均衡状态。城乡二元结构、传统上“重城轻乡”的教育格局等均在不同程度上造成了城乡教育的不均衡，这不仅伤及了处于弱势一方的农村学生和其家庭的教育权益与获得感，也制约了义务教育的优质均衡，破坏了义务教育公平发展的教育生态体系。① 让每一位学生都享有受到公平的教育、获得适合自身发展的教育的权利，是现代社会对教育提出的基本要求，而缺乏公平的农村教育就是逆现代化的教育。②因此要缩小教育在城乡之间、不同地区之间、不同群体之间的水平差异，大补短板，尤其是短板之短板，加大中西部等欠发达地区教育资源投入；补齐农村教育短板，实施乡村教师支持计划，推进义务教育城乡一体化发展；健全随迁子女、留守儿童的教育服务体系；大力发展特殊教育。实现从低水平均衡向更高水平均衡过渡，基本公共教育服务均等化水平明显改善。③全面推进教育精准扶贫，实施教育脱贫攻坚行动，保障经济困难群体平等享受教育权利，从孩童时期阻断贫困代际传递。到 2035 年，实现更高水平的教育公平，全体人民共享教育成果，朝着共同富裕的方向稳步前进。

4.4.4 推进教育双向开放，促进国家软实力提升

我国在国际社会的综合国力与国家软实力、国际影响力严重不匹

① 薛二勇，李健，单成蔚，樊晓旭．实现基本公共教育服务均等化——《中国教育现代化 2035》的战略与政策 [J]. 中国电化教育，2019(10):1–7.

② 凡勇昆，邬志辉．农村教育现代化的解释逻辑和价值定位 [J]. 教育科学研究，2015(7): 10–15.

③ 国务院．国家教育事业发展“十三五”规划 [R]. 2017–01–10.

配，国家软实力与国际影响力长期以来居于劣势，迫切需要通过多种有效途径提升国际地位。教育要主动承担起时代赋予的责任，为提升国家软实力和国际影响力做出积极贡献。教育发展是增强国际竞争力的基础，是中国扩大开放、和平发展的基本保障。既要中国教育走出去，也要世界教育走进来，形成中国与世界教育、人员的双向交流。促进教育双向交流，对提升我国教育实力和国际影响力发挥着越来越重要的作用。

高等教育已呈现国际化、全球化大趋势，成为一国软实力和国际影响力的重要标志。长期以来，美国将高等教育国际化作为全球化发展战略的重要组成部分，并将其作为发展对外关系、增强国家安全和全球竞争力的一种重要工具。[①]国际化是大学服务国家战略的使命要求，是衡量大学办学水平的重要指标，也是世界一流大学的基本特征。[②]未来我国将有更多所大学和学科进入世界一流行列，高等教育国际竞争力明显提升，初步建成高等教育强国，为"一带一路"建设提供人才支撑，扩大人文交流，加强国际人才培养，全面提升我国参与国际教育治理能力，增强我国在全球教育治理体系中的制度性话语权，[③]率先实现联合国可持续发展目标，向世界贡献可持续发展教育的中国方案。[④]高等教育双向开放，来去自由，有进有出，已呈现进大于出的新趋势。吸引世界各国留学生来华留学，彰显中国文化吸引力，有助于促进中国软实力与国际影响力大幅度提升。

4.4.5 营造良好育人生态，全面建成终身学习社会

综合国力竞争，说到底是人才竞争。当前，以互联网为核心的新一

---

① 刘建丰 . 致力于更具国际竞争力——美国高等教育改革发展的动向与启示 [J]. 教育研究 , 2014(5): 145-151.

② 任友群 ."双一流"战略下高等教育国际化的未来发展 [J]. 中国高等教育 , 2016(5): 15-17.

③ 周倩 . 制度性话语权视角下高等教育强国建设的路径选择 [J]. 教育研究 , 2017, 38(7): 92-100.

④ 杜占元 . 面向 2030 的教育改革与发展 [J]. 教育研究 , 2016, 37(11): 4-7.

轮科技和产业革命蓄势待发，经济全球化和知识经济向纵深发展，就业结构逐步优化。在这样的背景下，发达国家争先推行教育变革。一方面，建立终身学习账户，促进全民不断学习新知识、新技术，以终身学习助力持久创新；另一方面，着力减少“新世纪文盲”（指不能使用计算机进行学习、交流和管理的人）数量，提升全民对互联网的使用能力。可以说，终身学习已成为信息时代劳动者必须具备的核心素质。藏富于民的前提，是藏智于民。近年来，中国经济运行一直保持在合理区间，但社会发展还面临着诸多严峻挑战。从人口老龄化加速，到城镇化下人口流动迁移持续活跃，要想缓解发展进程中可能产生的各类风险，需要立足人口众多的基本国情，努力构建覆盖全民的终身学习体系。比如，以提升教育活力替代人口红利下降，以释放“银发红利”对抗人口老龄化加速，以培训流动人口开发更大规模、更高质量的人力资源。只有建设“人人皆学，处处能学，时时可学”的学习型社会，才能使人口规模优势得以充分展现，进而实现经济持续健康发展。

学习同健康一样，来自日常生活的点滴积累。然而，长期以来，人们对于教育的认知，更多局限于教育认证——在单一指挥棒的作用下，资质认证带给个体的收益，从短期来看有时要高于学习内容本身。因此在不少地方，以功利性为导向的学习方法会更受欢迎；缺少认证的自主学习，往往难以激发人们的兴趣。长此以往，势必会曲解学习的本意，诱导人们驶入错误的前进道路。未来，“智本”将成为第一生产要素；学会给自己持续充电，其实是最有价值的个人投资。除了谋生需要，终身学习也将成为人们生活的一部分，成为文明社会的生活方式。[①]古人云：“少而好学，如日出之阳；壮而好学，如日中之光；老而好学，如炳烛之明。”终身学习具有外溢性、高效性、累积性等显著特征，随着社会对

① 褚宏启．为中国教育涂上现代精神的底色——顾明远关于现代教育与教育现代化的思想 [J]. 教育学报，2018, 14(4): 3–10.

人才的评价标准变得日益多元，我们更需牢固树立终身学习理念，祛除浮躁之风，自觉将学习融入生命全过程。

构建终身教育体系，“是一个关系到中华民族能否持续发展、能否实现民族复兴大业的战略问题”。有共建，才有共享。加快建设全民学习、终身学习的学习型社会，需要政府、市场、社会形成合力。从提供灵活多样的学习途径，加强正式和非正式教育机构之间的有效联系；到进一步改善互联网基础设施条件，实现人与知识、知识与知识、知识与信息之间的互联互通；再到充分推动信息技术与教育教学深度融合，只有当14亿人民共同学习起来，把学习当作“终身大事”时，才有可能为社会主义现代化建设提供取之不尽、用之不竭的强大动力。①

面向全体国民，构建全民学习、终身学习、灵活学习的学习型社会，这是十分宏大的战略目标，它旨在全面开发、充分利用世界上规模最大、最丰富、最宝贵的人力资源，把教育大国发展为教育强国，全面扩大全体人民的学习机会，全面投资全体人民的人力资本，全面提高全体人民的学习能力，全面建设全民终身学习社会。发展继续教育是培养高素质劳动者和专门人才队伍、建设人力资源强国和人才强国的迫切需要，也是完善终身教育体系和建设学习型社会的重要突破口，②未来中国将发展为世界上最具发展潜力和最大规模的继续教育和培训市场。建立政府、学校、社会、家庭全面参与的协同育人工作机制，促使社会各界形成合力，共同建设良好的全社会育人环境。信息技术是构建终身学习社会的重要推动力。信息技术对教育所具有的革命性影响，决定了信息技术将在建构、实现新时代教育现代化，破解教育现代化矛盾方面发挥重要作用。③坚持不懈推动教育信息化建设，发展“互联网+”教育，

① 王洪川．学习不能只看“亩产效应”[N]. 人民日报，2017-02-14.

② 王建．继续教育发展的战略转型与推进策略 [J]. 教育研究，2013(9): 95-101.

③ 陈琳，陈耀华，毛文秀，张高飞，文燕银．教育信息化何以引领教育现代化？——中国教育信息化25年回眸与展望 [J]. 远程教育杂志，2020, 38(4): 56-63.

全面建成覆盖城乡的教育信息化体系，逐步缩小区域、城乡数字差距，大力促进教育公平，[①]强化从业人员继续教育，建立覆盖超过50%就业总人口的继续教育网络，发动全体人民共建共享“人人皆学、处处能学、时时可学”的学习型社会。

① 习近平．习近平致国际教育信息化大会的贺信[N]．人民日报，2015-05-24(002).

第五章 高等教育与国家竞争力

5.1 高等教育是建设创新型国家的源头活水

创新能力是一个国家和民族核心竞争力的重要标志。适应经济发展新常态、应对激烈国际竞争、建设高等教育强国，迫切需要高校全面提升创新能力。党的十七大提出“提高自主创新能力，建设创新型国家”的重大战略思想。十六大以来，我国先后出台了《国家中长期科学和技术发展规划纲要（2006—2020年）》《国家中长期教育改革和发展规划纲要（2010—2020年）》《国家中长期人才发展规划纲要（2010—2020年）》和《国家创新驱动发展战略纲要》中长期规划。十八大以来，党中央进一步明确提出实施创新驱动的发展战略，提出要坚持走中国特色自主创新道路。实施创新发展战略是经济结构实现战略性调整的关键驱动因素，高等教育是实现“五位一体”总体布局下全面科学发展的基本保障、根本支撑和关键动力，是推动一个国家、一个民族走向创新发展的重要力量。当前，中国是世界第一大贸易体、第二大经济体，高等教育距离培养世界一流人才仍有距离，大学应该在创新型国家发展战略中发挥主导作用。“十四五”时期至2035年前，中国经济增长模式将从追赶型增长向创新型增长转变，高等教育需要服务于这种增长模式。高等教育为国家创新提供人才原动力，包括工程技术人才、企业人才、管理人才。特别是国家创新体系中的基础研究和应用研究。高等教育对国家竞争力的影响突出表现为人才红利、创新红利和经济红利。

具有更为显著的人才红利，为中国特色的社会主义现代化源源不断地输送各行各业的优秀人才，培养和造就一大批拔尖创新人才和数以亿计的专门人才和高素质劳动者，根据《国家中长期人才发展规划纲要（2010—2020年）》，2020年，中国人才资源总量达到1.8亿人，居世界领先水平，高等教育结构更加合理，高等教育毕业生实现充分就业，毕业生初次就业率超过75%，为中国建成人才强国做出最重要的贡献。

充分发挥高等教育的创新红利。进一步提高高校研发能力。鼓励和支持中国大学进入世界500强大学。[①]高校科技创新和哲学社会科学研究能力显著增强，高校发明专利授予量达到4万件，高校国际科学论文收录数达到250万篇，为中国建成创新型国家做出重要的贡献。

教育的经济红利更为显著，为中国经济增长提供人力资源保障，人力资本对经济增长的贡献率进一步上升，达到8%。[②]推动经济发展方式转变，促使劳动力从低劳动生产率的农业向高劳动生产率的非农产业转移。提高教育服务业及相关产业占GDP比重，实现教育服务业及相关产业到2020年翻一番半。

5.1.1 高等教育规模持续扩大

中国高等教育的发展，在量的方面可以说是遥遥领先，可以说在十几年前，中国高等教育规模还远不如印度，但十几年后，中国高等教育规模超过了日本，甚至超过了美国，居世界首位。教育兴、人力资本兴，而后才有经济兴、国力兴。

---

① 建设世界500强大学可以提出两大目标：一是中国在世界500强大学的数量大幅度增加；二是中国在世界100强大学数量明显增加。根据上海交通大学世界一流大学研究中心《2014年世界大学学术排名》列出的500所全球领先研究型大学排名，2014年中国大陆共有32所大学上榜。根据《美国新闻与世界报道》周刊列出的全球500强大学排名，2014年中国大陆共有27所大学上榜。

② 研究2001—2020年中国经济增长的来源可以发现，中国经济增长模式正在经历一个重大转变，即由同时依赖劳动力数量和质量型转向主要依靠劳动力质量型。预计未来7年，教育对经济增长的直接贡献大体保持在8%左右，而劳动力增长率还将继续下降，劳动力数量增长对经济增长的贡献则会下降到4%以下。

一是高等教育程度人口大幅增长。普通本专科在校生数、研究生在校生数迅速增加，高等教育规模进一步扩大。2000—2010 年间，中国大学文化程度人数年平均增长率达到 10.12%，创造了人力资本增长率的世界历史最高纪录。具有大学（大专及以上）文化程度人口从 2000 年的 4402 万人提高至 2010 年的 11837 万人；具有高中（含中专）文化程度人口由 2000 年的 13828 万人提高至 2010 年的 18655 万人，年平均增长率达到 2.94%；两者合计人数已接近世界第三大人口国美国的总人口（31323 万人）。2010—2013 年间，全国普通本专科在校生数增加了 236 万人，研究生在校生数 2013 年达到 179 万人，提前实现 2015 年目标（170 万人）。高等教育毛入学率从 2010 年的 26.5%提高至 2013 年的 34.5%，平均每年提高 2.7 个百分点。全国大专以上人口由 2010 年的 1.19 亿人上升至 2013 年的 1.43 亿人，[①]增加了 2400 万人，增长 20.2%，赶上世界总人口第十位的俄罗斯（2012 年为 1.43 亿人），[②]到 2015 年突破 1.6 亿人。

2020 年，全国总人力资本（指劳动年龄人口数与平均受教育年限的乘积）迈上了一个更大规模的台阶，从 2000 年的 69.3 亿人年提高至 2010 年的 90.7 亿人年，这标志着“我国实现了从人口大国向人力资源大国的转变”；到 2020 年提高至 95.9 亿人年，这标志着我国“进入人力资源强国行列”。[③]过去 10 年，劳动年龄人口受过高等教育的比例呈迅速上升趋势，从 2010 年的 11.4%增长到 2020 年的 24.8%，平均年增长率为 8.08%；具有高中（含中专）及以上教育程度人口，2020 年达到 43137 万人，这已经比美国的总人口（2020 年约 3.3 亿人）多出 1 亿人，

---

① 根据 2013 年全国人口变动情况抽样调查数据推算，新增 2400 万大专以上人口。其中，我们估计，来自普通高校的占三分之二，约 1600 万人，其余占三分之一，约 800 万人，主要是成人高等教育人数。

② CIA. The World Factbook. https://www.cia.gov/the-world-factbook/.

③ 《国家中长期教育改革和发展规划纲要（2010—2020 年）》，2010 年 7 月。

相当于美国劳动力总量（2020 年为 1.65 亿人）的 2.61 倍；具有大学（大专及以上）受教育程度人口，到 2020 年达到 21836 万人，突破了 2 亿人，已经接近巴基斯坦的总人口数。大学受教育程度人口规模持续扩大，这是“六普”、第七次全国人口普查（以下简称“七普”），呈现的中国人口国情的共同特点。在考虑到中国劳动生产率与美国劳动生产率水平加速趋同的情况下，受过高等教育的人口增长为中国成为世界经济强国、世界人才资源强国、世界创新型国家提供了最丰富、最重要的人力资本基础。

普通高等教育和研究生教育在“十二五”时期继续保持稳定发展态势。2011—2014 年期间，普通高等院校累计招生数和毕业生数分别达到 2791 万人和 2530 万人；研究生累计招生数和毕业生数分别达到 238 万人和 197 万人。[①] 2014 年，高中升学率达到了 86.5%，高等教育毛入学率达到 37.5%，预计会提前完成 2020 年教育中长期规划目标（分别为 90% 和 40%）。教育事业的大发展直接推动了人才资源规模的扩张。截至 2010 年底，全国人才资源总量达到 1.2 亿人。[②] 按照高等教育和职业教育的毕业生数估计，2011—2014 年累计人数约为 5200 万人。[③] 估计 2015 年底，我国大专及以上人口为 1.5 亿人，人才资源总量超过 1.8 亿人，人才资源占劳动者的比重超过 20%，人才素质也显著提高。[④] 总体而言，我国已经实现了“教育大国”目标，“教育强国”的目标正在稳步推进，进而推动实现人才强国战略。

---

① 2011—2013 年的数据来自《中国统计摘要 2014》；2014 年的数据来自《2014 年国民经济和社会发展统计公报》。

② 人力资源和社会保障部 . 2012 年度人力资源和社会保障事业发展统计公报 [R]. 2013-06-03.

③ 2011—2013 年的数据来自《中国统计摘要 2014》；2014 年的数据来自《2014 年国民经济和社会发展统计公报》。

④ 人才资源总量基本上接近《国家中长期人才发展规划纲要（2010—2020 年）》。

表5-1 我国高等教育程度人口迅速增长（2000—2020）

指标	2000 年	2010 年	2020 年	2010—2020 年变化量
大学（大专及以上）受教育程度人口（万人）	4402	11837	21836	9999
大学（大专及以上）受教育程度人口占总人口比例（%）	3.47	8.83	15.47	6.64
高中（含中专）及以上受教育程度人口（万人）	18230	30502	43137	12635
高中（含中专）及以上受教育程度人口占总人口比例（%）	14.38	22.75	30.56	7.81
高等教育毛入学率（%）	12.5	26.5	54.4	27.9
普通本专科在校生数（万人）	556.1	2231.8	3285.3	1053.5
研究生数（人）	128484	538177	1106551	568374
劳动年龄人口受过高等教育的比例（%）	4.9	11.4	24.8	13.4
劳动年龄人口占总人口比例（%）	70.1	74.5	68.5	−6
主要劳动年龄人口平均受教育年限（年）	8.4	9.6	10.8	1.2
总人力资本（亿人年）	69.3	90.7	95.9	5.2

注：劳动年龄人口为 15—64 岁人口。主要劳动年龄人口平均受教育年限指 16—59 岁人口平均接受学历教育（含成人学历教育、不含非学历培训）的年数。总人力资本 =15—64 岁劳动年龄人口 *15 岁以上人口平均受教育年限。数据由第五次、第六次、第七次全国人口普查公报数据计算得到。

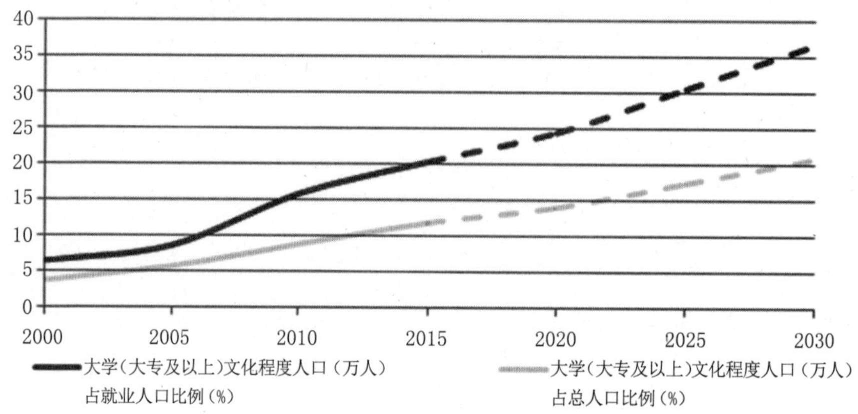

图5-1 大专及以上人口占就业人口和总人口比例（2000—2030）

5.1.2 高等教育质量全面提升

基于当前我国高等教育事业发展的现状和世界教育发展的趋势，未来高等教育发展的目标是：围绕以“价值塑造、知识传授、能力培养”为核心的“三位一体”的教育理念，创新人才培养模式，突出培养学生的科学精神和创造性思维，提高高校和科研院所培养本土创新型人才的能力，优化高等研究院人才培养模式，①提升教育的国际竞争力。

顺应人口趋势，科学规划我国的高等教育体系。按照第六次人口普查预测，中国的高等教育年龄人口（指 18—22 岁年龄段的人口数）将出现明显下滑，从 2013 年的 1900 万人左右下降到 2020 年的 1480 万人左右。顺应人口趋势，规划我国的教育体系是当前中国教育发展应当充分重视的问题。

充分发挥重点高校和国家科研机构的骨干和引领作用。深化科研院所分类改革，加快世界一流大学和高水平大学建设，建设一批重点学科

① 钱晓红，朱凌，陈劲．高等研究院创建模式比较与任务探究 [J]. 清华大学教育研究，2007(3): 93-98.

和重点科研基地。提高研究生培养标准，稳步提升博士生、博士后培养质量，建立高校、科研院所、企业间高层次人才交流制度，为毕业研究生从事科技创新活动创造机会。全面推动教育、科研机构等事业单位的“去行政化”改革，建立公平、公正、公开的人才管理、人才评价体制。

5.1.3 创新型人才培养升级

大力培养创新型人才是提高国家科技竞争力的关键。完善科研院所、高校的管理制度，扩大用人自主权，尊重科技创新人才的科研自主权，创造人才公平竞争的环境，营造学术自由、开放包容、求实创新的学术环境。健全科研诚信体系，对学术不端“零容忍”。改进科技评价和奖励方式，完善以创新和质量为导向的科研评价办法，强化同行评价、国际评价，摒弃考核过于频繁、过度量化的做法。加大对优秀青年科技人才的培养、使用和资助力度，促进青年创新人才快速成长。

创造有利于高端人才成长的制度环境和社会环境。完善院士制度，完善和创新人才推进计划、海外高层次人才引进计划，对“千人计划”“长江学者”“自然科学杰出青年基金”等项目的高端人才进行直接资助，让他们发挥引领带头作用。加强领军人才、核心技术研发人才培养，鼓励和支持高水平创新团队建设，形成骨干科研人才和科研辅助人才衔接有序、梯次配备的合理结构，提高前沿创新能力。

建立政府、高校科研院所、企业等多部门的合作伙伴关系。依托国家重大人才计划以及重大科技创新工程，创建科技合作平台，提高协同创新水平。积极引导和鼓励民办科研机构发展。尊重创新型人才的创新贡献，完善重点领域科研骨干人才分配激励办法。

5.2 高等教育强国评估：基于“双一流”① 的视角

高等教育作为我国教育事业中的重要环节，在建设教育强国中肩负着非常重要的责任，党的十九大提出要“加快一流大学和一流学科建设，实现高等教育内涵式发展”，建设高等教育强国也成为我国的重要政策目标。“十三五”时期至2030年期间，中国经济增长模式将从追赶型增长模式向创新型增长模式转变，高等教育需要服务于这种增长模式。高等教育为国家创新提供人才原动力，将成为国家创新体系中重要的支撑力量。对此，习近平总书记指出：“党中央作出加快建设世界一流大学和一流学科的战略决策，就是要提高我国高等教育发展水平，增强国家核心竞争力。”②

2015年10月，国务院印发《统筹推进世界一流大学和一流学科建设总体方案》③。目的在于推动一批高水平大学和学科进入世界一流行列或前列，到21世纪中叶，基本建成高等教育强国，2017年9月，教育部、财政部、国家发展改革委正式公布世界一流大学和一流学科建设高校及建设学科名单。其中，一流大学建设高校42所，包括A类高校36所，B类高校6所。一流学科建设高校95所。另外，140所学校的学科入选“双一流建设学科名单”。④

双一流就是以世界一流为目标，加快发展具有国际领先优势的大学和学科，以全面深化教育体制改革为根本动力，充分体现以人民为中心、以学生为中心、以受教育者为中心，构建中国特色一流评价体系，培养一流人才，培育一流师资，产出一流成果。“内涵式发展”是我国

① 本文讨论的中国大学排名主要指中国大陆（内地）大学，中国台湾、中国香港、中国澳门地区的大学并没有计入结果，后不一一说明。

② 习近平．习近平谈治国理政（第二卷）[M]. 北京：外文出版社，2017: 376.

③ 国务院．统筹推进世界一流大学和一流学科建设总体方案 [Z]. 2015-10-24.

④ 教育部，财政部，国家发展改革委．关于公布世界一流大学和一流学科建设高校及建设学科名单的通知教研函 [2017]2 号 [A/OL].(2017-09-20).

高等教育推进质量提升的关键路径。[①]“双一流”建设标志着中国高等教育开始进入新的发展阶段，从高速度增长向高质量发展迈进。若以“一流大学，一流学科”的建设作为衡量标准，我国目前高等教育的建设已经取得了丰硕的成果，在科研创新和国际声誉方面有了长足的进步。

评估一流大学和一流学科建设的核心就是评估我国大学和学科在国际竞争中的地位及动态变化情况。其中，大学排名能够较好体现国际竞争力。国际上较为常见的综合类排行榜单有：QS世界大学排名、泰晤士高等教育排名、上海交通大学学术排名、美国新闻与世界报道排名。此外，还有专业评估大学国际声誉的排行榜单：泰晤士世界大学声誉排名。本文在对上述国际排行榜单进行信息统计收集的同时，还根据基本科学指标数据库（Essential Science Indicators，以下简称ESI）[②]和自然指数数据库（Nature Index）[③]计算了我国大学和学科的世界排名情况，并且根据ESI数据库计算了世界上其他国家和地区的文献发表总数，通过上述七大国际通用大学和学科排名结果，进行横向国际比较和纵向历史趋势比较，分析我国“双一流”建设成效和问题，并提出政策建议。

5.2.1 大学国际排名评估

进入各类世界大学排行榜前列一直是各国衡量学校发展水平的标准，而在很长的历史时间里，我国高校很难进入世界一流的行列，甚至进入各大榜单中的院校都寥寥无几。

2004年，上海交通大学学术排名中，没有一所中国高校进入全球

---

① 范国睿，陈婧．以蓝图引领发展——2019年我国教育政策评析[J]．现代教育管理，2020(9)：1–13.

② 是由世界著名的学术信息出版机构ISI推出的衡量科学研究绩效、跟踪科学发展趋势的基本分析评价工具，是基于ISI引文索引数据库SCI（Science Citation Index）和SSCI（Social Science Citation Index）所收录的全球8500多种学术期刊的1000多万条文献纪录而建立的计量分析数据库。ESI从引文分析的角度，将全部科学分为22个专业领域，分别对国家、研究机构、期刊、论文以及科学家进行统计分析和排序。

③ 是依托于全球顶级期刊（2014年11月开始选定68种，2018年6月改为82种），统计各高校、科研院所（国家）在国际上最具影响力的研究型学术期刊上发表论文数量的数据库。

200强，进入500强的中国高校也仅有8所。时隔15年，在政策指引下，越来越多的高校崛起，2019年，有4所中国的高校进入此排名的全球100强，58所高校进入500强。而在其他国际排名中，我国高校也已开始崭露头角，泰晤士高等教育排名、美国新闻与世界报道排名、QS世界大学排名三个榜单中，均有2—6所高校进入全球100强。近年来，随着高等教育的良性发展，我国高等院校整体水平得到提升，大批优秀高等院校进入各大榜单，并且排名还在不断上升（见表5-2）。

表5-2 中国大陆（内地）高校进入各大榜单数量（2004—2020）

单位：所

年份		2004年	2010年	2012年	2015年	2016年[1]	2017年[2]	2018年[4]	2019年[6]	2020年[7]
100强	泰晤士高等教育	2	2	2	2	2	2	3	3	6
	美国新闻与世界报道		3	3	3	2	2	2	2	2
	QS世界大学		2	3	4	4	6	6	6	6
	ESI引用量排名[3]				1		1			
	上海交通大学学术排名	0	0	0	0	2	2	3	4	7
	泰晤士世界大学声誉排名		2	2	2	5	6	6	6	
	自然指数排名					10	13	15	17	20
200强	泰晤士高等教育	5	6	2	2	4	7	7	7	7
	美国新闻与世界报道		6	7	8	7	7	7	7	7
	QS世界大学		6	7	7	7	7	7	7	7
	ESI引用量排名				4		7		8	
	上海交通大学学术排名	0	2	4	7	10	9	12		
	自然指数排名					24	26	31	33	41

续 表

年份		2004 年	2010 年	2012 年	2015 年	2016 年①	2017 年②	2018 年④	2019 年⑥	2020 年⑦
500 强	泰晤士高等教育			9	11	12	12	14	17	17
	美国新闻与世界报道				30	/⑤	28	32	32	32
	QS 世界大学			17	16	21	21	22	24	26
	ESI 引用量排名				19		24			
	上海交通大学学术排名	8	22	27	32	42	45	51	58	
	自然指数排名					54	59	73	83	95

①、②、④、⑥、⑦：由于大学排行榜经常使用跨年份标题，如泰晤士高等教育发布2020—2021 年世界大学排名，QS 世界大学排行榜发布 2020—2021 年世界大学排名，本表统计时，统一将其公布年份算作有效年份，如公布时间为 2020 年，即作为 2020 年大学排行榜使用。

③：ESI 指美国科学基础数据库引用数据，包括研究机构和大学，2020 年数据为 2020 年 11 月更新数据库。

⑤：美国新闻与世界报道 2016 年未做前 500 排序。

数据来源：泰晤士高等教育官方网站，https://www.timeshighereducation.com/world-university-rankings；QS 世界大学排名官方网站，QS World University Rankings, https://www.topuniversities.com/；美国新闻与世界报道官方网站，https://www.usnews.com/；上海交通大学学术排名官方网站，http://www.shanghairanking.com/。

我国进入世界前 500 名大学的规模稳步增长。21 世纪我国大学开始集体崛起，党的十八大后进入加速崛起时期。无论是泰晤士高等教育排名、QS 世界大学排名、上海交通大学学术排名，还是美国新闻与世界报道排名、自然指数排名等，它们共同体现了这一历史趋势：我国世界 500 强大学呈现快速增长趋势。以 QS 世界大学排名为例，2012 年我国进入世界 500 强的大学为 17 所，2020 年增至 26 所，平均每年新增 1 所大学进入世界 500 强。我国世界 500 强大学的存量和流量均呈现出较好的发展态势。

发达国家进入世界前500名大学的数量相对减少。以QS世界大学排名为例，从2011年到2020年，美国世界500强大学数量从103所下降至86所，累计下降17所，日本、法国分别累计减少8所和6所，美、英、德、澳四个高等教育强国世界500强大学总数从2011年的211所下降至2020年的191所，累计下降20所。

我国进入世界前200名和世界前100名大学的总量和增量均较少，发达国家占据世界前200名和前100名大学的席位变化不大。截至目前，我国进入世界前100名大学的数量相对固定，其中，泰晤士高等教育排名为3所，美国新闻与世界报道排名为2所，QS世界大学排名为6所，总体来看，占世界前100名大学的比重仍然较小，且最近三年变化不大。相对而言，欧美发达国家仍然是世界前100名和前200名大学的主要来源国，仍占据领先优势。

总体来看，我国一流大学建设取得了较好成效，并产生了越来越广泛的国际影响力和国际声誉。但是，我国进入世界排名前列的大学数量仍然较少。如何使更多中国高校进入世界前200名，这是未来推进一流大学建设的政策重点。

表5-3 世界500强大学国家或地区分布（2011—2020）

单位：所

排序	国家或地区	2011年	2012年	2013年	2014年	2015年	2016年	2017年	2018年	2019年	2020年	2011—2020年变化量
1	美国	103	99	98	97	95	97	93	94	89	86	−17
2	英国	43	45	45	48	51	51	51	51	50	49	6
3	德国	41	39	38	37	35	31	32	30	29	30	−11
4	澳大利亚	24	25	25	23	21	23	23	25	26	26	2

续 表

排序	国家或地区	2011年	2012年	2013年	2014年	2015年	2016年	2017年	2018年	2019年	2020年	2011—2020年变化量
5	中国大陆	16	19	17	18	25	24	21	22	24	26	10
6	法国	21	22	24	22	20	18	19	18	17	14	−7
6	加拿大	20	20	22	20	23	20	19	17	17	17	−3
7	日本	24	20	15	15	15	17	15	17	17	16	−8
8	韩国	11	13	12	13	13	16	14	15	15	15	4
9	俄罗斯	7	6	8	10	9	11	13	15	16	17	10
10	中国台湾	10	11	10	11	11	11	11	11	11	12	2
11	印度	7	7	7	7	9	8	8	9	9	8	1
12	中国香港	6	6	6	6	6	6	6	6	6	6	0
	美英德澳	211	208	206	205	202	202	199	200	194	191	−20

说明：按照2017年大学数量从多到少依次排序。

数据来源：QS世界大学排名。

这一批高校的崛起代表着我国以往的高等教育政策对高等教育的发展起到了良好的作用，也提高了我国高等教育在世界高等教育领域中的地位，而世界大学排名也是国际学者、学生选择就职、就学学校的参照系，一流大学的发展提高了中国高等教育的世界影响力。

5.2.2 大学学科国际排名评估

从世界大学排名出发，QS世界大学排名除了会对高校综合实力水平进行排序外，也会对学科进行排名，从学科大类来看，我国高校在“一流学科”建设方面表现突出（见表5-4）。其中，在工程与技术领域，大陆（内地）高校有8所进入前100名；在自然科学领域，大陆（内地）高校有7所进入前100名，并且有部分高校的这两个学科已经进入全球顶尖学科行列（清华大学在工程与技术领域排名全球第9名，在自然科学领域排名全球第16名；北京大学在自然科学领域排名全球第17名）。整体来看，在部分学科领域，"一流学科"建设已经有了丰硕成果。

表5-4 中国大陆（内地）高校学科世界排名（2020）①

单位：所

学科领域	前100名	前200名	前500名
艺术与人文	3	8	18
工程与技术	8	13	34
生命科学与医学	2	6	24
自然科学	7	10	35
社会科学与管理	6	10	19

数据来源：QS世界大学排名官方网站。

此外，从ESI引用排名来看，在ESI统计的全部学科中，在部分学科如化学、工程、材料科学上，我国高校都有着非常突出的表现，并且进入排名的学校数量不断增长，越来越多的学校在相关学科上已跻身世界一流行列（见表5-5）。

表5-5 中国大陆（内地）研究机构（大学）进入ESI学科排名的数量（2015—2019）

单位：所

学科	前100名			前200名			前500名		
	2015年	2017年	2019年	2015年	2017年	2019年	2015年	2017年	2019年
农业科学	6	8	8	7	10	9	14	22	30

① University Subject Ranking[EB/OL]. (2018-05-16). https://www.topuniversities.com/university-rankings/university-subject-rankings/2018.

续 表

学科	前 100 名			前 200 名			前 500 名		
	2015 年	2017 年	2019 年	2015 年	2017 年	2019 年	2015 年	2017 年	2019 年
生物	1	1	1	2	7	6	15	18	26
化学	14	19	22	19	26	32	30	44	54
医学	0	0	0	0	1	3	4	9	13
计算科学	3	7	19	6	16	33	10 （共 382）	35 （共 398）	55
经济与商学	0	0	0	1	1	2	1 （共 262）	3 （共 287）	7
工程	11	14	22	18	26	34	41		61
环境	4	5	3	8	11	7	24	21	20
地理科学	4	5	4	6	8	7	14	22	20
免疫学	0	0	0	0	1	0	7	9	10
材料科学	15	20	24	26	36	43	43	55	68
数学	8	11	11	22	20	27	25 （共 232）	25 （共 240）	35
微生物学	1	1	0	2	2	3	4 （共 388）	13 （共 409）	24
分子生物与遗传学	1	1	0	1	4	3	5	15	18
神经科学	0	0	0	0	1	0	4	9	12
药物学	1	8	10	3	13	14	7	26	34

注：括号内为该年份参与该学科排名的研究机构（大学）总数，未标记则意味着有超过500 个研究机构（大学）参与排名。

数据来源：美国基本科学指标数据库（ESI）；2015 年数据系作者采集自 2016 年 1 月更新的数据库；2017 年数据库系采集于 2017 年 5 月 11 日更新的数据库。

我国各类学科均处于崛起态势，工科、理科、医学发展较快，经济与商学、社会科学、心理学增速相对缓慢。根据ESI结果，从2015年至2019年，中国大陆（内地）研究机构（大学）22个学科排名中，进入世界前500名的大学数量均呈现增加趋势，其中，材料科学从2015年的43所提高到2019年的68所，平均每年增加6所左右；农业科学从2015年的14所提高到2019年的30所，平均每年增加4所；计算科学从2015年的10所增加至2019年的55所，平均每年增加11所左右；药物学从2015年的7所提高到2019年的34所，平均每年增加7所左右。相比而言，经济与商学、社会科学、心理学增速较为缓慢，例如，2015年社会科学进入世界前500名的大学为3所，2019年为6所，平均每年增加0.75所，增速远低于理工农医等学科。

我国在工程与技术、自然科学领域已经形成学科群优势，材料科学、化学、工程、计算科学等学科具备世界领先优势。根据QS世界大学学科大类排名数据，2019年中国大陆（内地）高校在工程与技术领域有8所高校或机构进入世界100强，14所高校或机构进入世界200强，34所进入世界500强。按照学科群来看，工程与技术在所有学科中排名最前，且进入世界100强的高校或机构数量仍在增长，仅工程学科，2019年进入世界100强的已经达到22所，约占世界100强的五分之一，展现出明显强优势。其次，自然科学的学科排名也有明显进步，2019年进入世界100强高校或机构为7所，进入世界500强的为34所，其中材料科学、化学学科进入世界100强的分别达到24所和22所，占据超过五分之一的席位。从细分学科来看，2019年我国材料科学学科进入世界前100名的大学和机构数量已经达到24所，化学和工程进入世界前100名的大学和机构数量都已经达到22所，计算科学达到19所，且进入世界前100名、前200名、前500名的大学和机构数量还呈进一步增加趋势，可以说，我国在这些学科上已经具有世界领先优势。

从学术成果产出来看，我国学术论文发表总量虽居世界前列，但顶级论文发表率和篇均引用率仍显不足。以ESI统计的国家发表文献总数前十名为例，中国文献发表总数、文献引用量和顶级论文数均仅次于美国，居世界第二位，但顶级论文占发表论文比例的1.03%，与美国的（1.85%）存在较大差距，也低于英国（2.15%）、德国（1.71%）、法国（1.63%）、加拿大（1.83%）、意大利（1.48%）等西方国家，高于日本（0.84%）。从篇均引用率来看，中国文献篇均引用率为7.41%，低于发表总数前十的其他国家，其中英国（17.89%）最高，其次是美国（17.77%）、德国（16.43%）、加拿大（16.25%）、法国（15.7%）。从篇均引用率指标来看，它既与语言有关，更与学科长期积累相关。

总之，我国一流学科建设取得显著进展，且发展态势良好，整体呈现大踏步迈进，部分高校的一些学科已经进入世界前列，甚至居于世界领先位置，形成了我国参与国际竞争的学科群优势和学科领先优势。其中，经济与商学、社会科学等学科相对滞后，成为短板学科。此外，如何在兼顾学科发展的同时，以科学问题为导向整合学科资源，避免过度碎片化和隔离化，避免“学科中心主义”的简单套路，坚持研究领域和问题牵引，是值得深入思考的战略难题。

5.2.3 国际排名反映我国高等教育存在的主要问题

虽然中国高校已经在国际上崭露头角，但是截至2020年底，并未有中国高校跻身世界排名前十，在各大排名中，前十依旧由英美等老牌高等教育强国的高校所占据，并且在全球前100名的高校中，我国高校数量也比较少，并且从总量上来看，不断有榜单内高校提高名次。和提高名次的学校相比，新进入榜单的学校的数量就相对少了。

从学科建设来看，无论是世界大学学科排名还是引文数量排名，都能看出“一流学科”建设明显的“偏科”现象，QS世界大学排名中，我国在艺术与人文、社会科学与管理两个学科领域分别有 3 所和 4 所大学进入全球前 100 名，远少于进入理工类学科领域前 100 名的学校数量，ESI引用排名中更是如此，社会科学历年来没有中国高校进入全球前 200 名，这种“偏科”也直接影响着我国大学的整体排名。

除此以外，从ESI引用排名来看，我国论文总数和顶级论文数排名全球第二，仅次于美国，但是顶级论文数占总论文数比例偏低，仅为 1.03%，在 10 个国家中，仅高于论文总数排名第 7 的日本（0.84%）。在这一项中，论文总数排名第 4 的英国占据首位（2.15%），比中国高出超 1 个百分点。在篇均引用率方面，我国高校更是垫底（7.41%），不到英美等国的二分之一（见表 5-6）。

表5-6 ESI论文国家/地区发表文献总数前十名[①]

国家 / 地区	文献总数	引用量	篇均引用率	顶级论文数	顶级论文数占比
美国	3874219	68839393	17.77%	71591	1.85%
中国	2048107	19279777	7.41%	21097	1.03%
德国	1024484	16832925	16.43%	17535	1.71%
英国	938146	16779773	17.89%	20167	2.15%
法国	717545	11265177	15.7%	11674	1.63%
加拿大	635266	10325545	16.25%	11644	1.83%
日本	825892	10045310	12.16%	6951	0.84%
意大利	617374	9152378	14.82%	9162	1.48%
澳大利亚	516960	7739029	14.97%	9795	1.89%
西班牙	533280	7400032	13.88%	7675	1.44%

① 根据 ESI 官方网站整理。

从研究机构角度来看，中国科学院进入了全球机构发表文献引用量前十的排名中，在此排名体系内，前十名的机构有两所法国机构，一所英国机构，一所中国机构（中国科学院），其余六所全部为美国机构。中国科学院排名第5，引用量不到排名第1的美国加州大学的二分之一。篇均引用率中国科学院垫底，以哈佛大学为发文单位的文献篇均引用率高达31.17%，高出中国科学院17.43%（见表5-7）。

表5-7 ESI论文机构发表文献引用量总数前十名①

机构名称	国家/地区	文献总数	引用量	篇均引用率
加州大学	美国	374060	9362417	25.03%
哈佛大学	美国	197983	6171232	31.17%
布列塔尼－卢瓦尔大学联盟	法国	351769	5681634	16.15%
法国国家科学研究中心	法国	309943	5179343	16.71%
中国科学院	中国	304732	4186103	13.74%
伦敦大学	英国	185057	3918536	21.17%
美国卫生与福利部	美国	122723	3732675	30.42%
得克萨斯大学	美国	157105	3547785	22.58%
美国能源部	美国	131152	3136779	23.92%
美国国立卫生研究院	美国	89506	3009488	33.62%

从这个方面来看，我国高校已经有能力在国际上发表有影响力的文章，但缺少高引用率文献，在质量上有待提高，高引文献本身也影响着中国高校的世界排名。总的来看，我国高等教育已经发展到了很高的水平，但是在数量和质量两个方面，还未达到“高等教育强国”的目标。

“人口红利”曾被视为中国经济增长奇迹的重要源泉，但是，随着

① 根据ESI官方网站整理。

“刘易斯拐点”的逼近，农村剩余劳动力进一步转移空间的逐步缩小，单纯依赖劳动力数量的“人口红利”正不断减弱[①]。教育的发展则是我国迎来“二次人口红利”的重点，而高等教育正是促进产业结构升级，将劳动力数量转化为质量优势的关键，从整个经济发展来看，高等教育有着非常重要的战略地位。

高等教育的发展是否能够成为我国经济发展的加速器？面向创新驱动、人才强国等国家战略，高等教育肩负着培育创新人才、研发先进技术、孵化创新项目、提高人口素质等方面的重要责任，对于我国未来的发展有着至关重要的作用，并占据着重要的战略地位。

整体来看，我国在一流大学和一流学科建设方面取得的显著成效，以及表现出的某方面突出问题，用一句话总结为：一个重点、两个群优势、三个短板、若干领先优势和一项战略难题。一个重点是指把促使更多大学进入世界大学前列作为重点任务，两个群优势是指工程与技术学科群和自然科学学科群的国际竞争优势，三个短板是指经济与商科、社会科学、心理学学科短板，若干领先优势是指材料科学、化学、工程、计算科学等学科处于国际领先地位，一项战略难题是指加强学科合作与整合、强化学科问题牵引的战略课题。对此，本文提出以下政策思路供参考：

一是加强支持并持续发力，发展出更多世界顶尖大学。加大力度支持若干所高校和一批学科进入世界前列，发挥新型举国体制制度优势办大学。

二是补学科短板，发展中国特色的人文社会科学学科体系。多措并举发展我国社会科学与管理、艺术与人文等学科，充分研究学科发展规律，

① 王健，李佳．人力资本推动产业结构升级：我国二次人口红利获取之解 [J]. 天津财经大学学报，2013(6): 35-44, 78.

结合中国国情和发展特征，形成中国特色的人文社会科学学科体系。

三是鼓励高质量学术发表，减少学术资源浪费。从文献发表结果来看，数量并不是越多越好，但是没有数量也不会有质量。如果只注重数量，可能会造成教育资源的浪费和低效，因此“双一流”建设需要妥善使用好数量和质量两个指挥棒，促进学校和学科向高质量学术发表转型。

四是发展学科的同时集成学科优势，攻坚国际前沿问题。一流大学是由多个一流学科组成的，既要充分发挥一流大学在一流学科整合方面的优势，又要加强不同大学一流学科之间的整合能力，充分借鉴德国大学“卓越集群战略”。“破除思想禁锢和束缚，坚持以改革和开放为动力，打开学科边界，打开学校边界”，[①]打造以原创、高端、前沿的国际问题为导向的学科集群，建立具有中国特色的高等教育体系。

5.3 一流大学与创新驱动：以清华大学为例

国家竞争本质上是国家创新竞争，高等教育是影响国家创新竞争力的关键。高等教育发展水平是一个国家发展水平和发展潜力的重要标志，这决定了大学和学科之间的国际竞争必然是一场“我上你下，你进我退”的激烈角逐，是以高等教育代表国家创新竞争力的大学奥林匹克竞赛。与体育竞赛不同的是，这场竞赛不是四年一次，而是时刻都在进行着。进入21世纪以来，随着我国经济实力、科技实力、综合国力大幅度提高，我国高等教育国际竞争力也在不断提升，形成建设世界一流大学和学科的“中国兵团”。根据上海交通大学学术排名，2004年至2019年，中国大陆地区进入世界前500强榜单的高校从8所增加到58所，累计增加50所；根据QS世界大学排名，2010年至2020年，中

① 林建华．面向未来的中国高等教育[J]. 教育研究，2019, 40(12):4-8.

国大陆（内地）进入世界前 100 强的高校从 2 所增加到 6 所，累计增加 4 所。中国高校进入世界一流大学的数量明显增加。其中，清华大学的排名从 2010 年的世界第 54 名，提高至 2021 年的第 15 名。根据“双一流”专家组评议，清华大学全面、高质量完成“双一流”建设任务，办学质量、社会影响力和国际声誉持续提升，全面建成为世界一流大学。①

表5-8 “双一流”建设前后中国大陆（内地）高校在*Nature*和*Science*上发表的文章数（2012—2020）

单位：篇

排名	学校名称	2012—2015 年	2016—2019 年	2020 年上半年
1	清华大学	33	78	12
2	北京大学	15	52	10
3	中国科学院大学	—	47	8
4	复旦大学	5	31	9
5	中国科学技术大学	6	23	4
6	浙江大学	5	21	7
7	上海科技大学	0	20	8
8	上海交通大学	2	16	3
9	中山大学	2	13	1
10	南开大学	0	10	3
11	西安交通大学	0	9	2
12	南京大学	3	8	4

① 光明网．“双一流”专家评议会：清华大学全面建成为世界一流大学 [EB/OL]. (2020-09-21). https://difang.gmw.cn/2020-09/21/content_34208401.htm?s=gmwreco2.

与此同时，我国一流学科建设呈现迅猛赶超势头。根据ESI数据计算，2000年之前国内高校全部低于国际基准线，2006年国内基准线已经超过国际基准线。[①]截至2017年3月，“中国兵团”整体实力已经居于世界中上游水平，重点高校表现出极大的进步，有200所高校（不包括香港、澳门、台湾地区的高校）进入ESI全球前1%，这些领先高校的优势学科覆盖了ESI 22个学科中的21个，只有空间科学未有高校进入，其中还有22所高校分别有10个以上学科进入ESI学科排名全球前1%。清华大学进入ESI排名的学科达到17个（总共22个），比2010年的9个学科增加8个，其中优势学科（世界排名前1%）为16个，排名领先学科（世界排名前1‰）达5个，顶尖学科（世界排名前1‰）2个，世界顶尖学科中，数理居全国高校最前列。截至2017年，ESI检索的论文数为57056篇，与2010年的30798篇相比增加了26258篇，七年时间平均每年增加3751篇，引用数达到677741次，篇均引用达到11.88次，高被引论文数达到1091篇，居国内高校前列。根据2017年“世界大学学术排名”一流学科排名结果，清华进入世界排名前50的学科数达到23个，其中全球第一名的学科1个，全球前十名学科7个，世界一流学科数量居全国首位。[②]

习近平总书记在清华大学建校105周年之际，致贺信高度评价清华大学为国家发展做出的贡献，并称清华大学为“我国高等教育的一面旗帜”。清华大学用相对短的时间，实现对世界一流大学和一流学科的迅速赶超。在国内第四轮学科评估中，清华大学的A+学科达21个，居全国榜首。清华大学的成功经验就是大学崛起要紧密服务于国家现代化发展，抓住中国强国崛起与全面对外开放的有利条件，有效整合和集中资源，合理规划，精心布局。

---

① 倪瑞，胡忠辉，燕京晶．基于ESI的国内外部分高校理学学科发展比较研究[J]. 学位与研究生教育，2011(5): 32–38.

② “世界一流学科排名”发布：中国大陆7科状元[N]. 解放日报，2017-06-28.

表5-9 中国大学在世界的声誉排名（2017—2020）

排序	大学	2017 排名	2018 排名	2019 排名	2020 排名
1	清华大学	14	14	14	13
2	北京大学	17	17	17	16
3	台湾大学	51—60	51—60	51—60	40
4	香港大学	39	40	44	51—60
5	复旦大学	71—80	81—90	71—80	51—60
6	上海交通大学	71—80	81—90	71—80	51—60
7	浙江大学	51—60	71—80	81—90	61—70
8	中国科学技术大学	—	81—90	71—80	61—70
9	香港科技大学	71—80	61—70	81—90	91—100
10	香港中文大学	71—80	71—80	91—100	101—125

说明：世界大学学术声誉排行榜是《泰晤士报高等教育副刊》世界大学排行榜的“子榜”，是根据各大学在教学和科研领域的表现确定的。《泰晤士报高等教育副刊》世界大学排行榜的评定指标多达 13 个，除教学和科研之外，还包括论文引用情况、科研成果以及国际化程度等。

建设世界一流大学是循序渐进的系统工程，需要分阶段、分步骤、分目标的顶层设计与长远谋划。清华大学也经历了多次谋划、步步衔接的历史过程。早在 1985 年，清华大学第七次党代会报告首次正式提出“把清华大学逐步建设成为世界第一流的、具有中国特色的社会主义大学”。十年后的 1995 年，清华大学第十次党代会报告明确提出：“在学校建校 100 周年的时候，争取把清华大学建设成为世界一流的有中国特色的社会主义大学。”2006 年，清华大学第十二次党代会报告进一步明确中长期发展目标，提出“三个九年，分三步走”的总体战略。2012 年，清华大学第十三次党代会报告论述了必须将世界一流、中国特色、清华风格统一在办学实践中，努力走出一条世界一流大学建设的成功之路，提出改革创新，加快建设世界一流大学，继续推进“三个九年，分三步走”总体战略，即到2020年我国全面建成小康社会时争取在总体上达到世界一流大学水平，到2050年前后我国建成社会主义现代化强国时力争成为世界顶尖大学。①其中，2020年的目标已经实现。

大学强，国家强。2016年，面对新形势新特点，习近平总书记在全国高校思想政治工作会议上指出：“我们对高等教育的需要比以往任何时候都更加迫切。”党中央、国务院做出“统筹推进世界一流大学和一流学科建设”的重大战略部署，并提出中国高等教育集体崛起的三步走战略目标，即到2020年，若干所大学和一批学科进入世界一流行列，若干学科进入世界一流学科前列。到2030年，更多的大学和学科进入世界一流行列，若干所大学进入世界一流大学前列，一批学科进入世界一流学科前列，高等教育整体实力显著提升。到21世纪中叶，一流大学和一流学科的数量和实力进入世界前列，基本建成高等教育强国。②2017年7月，清华大学党委在第十四次党代会上，根据中国高等教育发展的战略纵深布局，重新审视清华大学的历史方位与时代特征，明确提出清华大学的“双一流”目标。12月29日，《清华大学一流大学建设方案》正式公布，开启了一条具有清华风格的“中国特色、世界一流”的大学强盛之路，这是建设世界一流大学的清华方案，充分发挥中国特色的社会主义战略优势和规划优势。方案同时明确了中国特色社会主义进入新时代的清华大学“三步走”战略，我们称之为清华梦“三步走”：第一步，到2020年，一批学科达到世界一流水平，若干学科进入世界一流前列，为实施“四个全面”战略布局、实现“第一个百年”奋斗目标做出突出贡献，达到世界一流大学水平。第二步，到2030年，更多优

① 清华大学党史研究室，清华大学档案馆．清华大学党代会史话[Z]. 2017-07.
② 国务院．统筹推进世界一流大学和一流学科建设总体方案[Z]. 2015-10-24.

势学科进入世界一流大学前列，部分学科达到世界顶尖水平，服务国家战略的能力更加突出，迈入世界一流大学前列。第三步，到 2050 年前后，一大批学科达到世界顶尖水平，为实现“第二个百年”奋斗目标和中华民族伟大复兴的中国梦、为促进人类文明进步做出重大贡献，成为世界顶尖大学。这是清华大学第十三次党代会目标的升级版①，并对清华大学提出了更高的要求。我们相信，清华大学不仅将实现目标，还将为高等教育“中国兵团”集体崛起做出清华贡献，无愧为中国高等教育的旗帜。

清华梦体现着国家梦、民族梦，是中国大学梦，是中华民族伟大复兴梦，是为实现第二个百年目标和中华民族伟大复兴中国梦的清华使命，是全面贯彻落实党的十九大精神、执行《统筹推进世界一流大学和一流学科建设总体方案》的清华责任，展示了新时代中国大学奋发图强、踊跃投身祖国社会主义现代化强国建设事业的清华风貌。无论从世界名校的发展历史，还是改革开放迅速崛起的历程来看，清华大学仍处于青壮年时期，还将焕发出无尽的活力与创新贡献，将进一步引领中国高等教育的发展。清华大学将会涌现出更多的科技创新人才、更多的企业家、更多的领导人才以及更多的国际组织领袖，不断提升办学标准，扩大办学视野，加快推进学校事业高质量、内涵式发展。

---

① 清华大学第十三次党代会提出的目标是：到 21 世纪中叶进入世界一流大学前列；第十四次党代会则将这一目标的实现提前到 2030 年。

第六章 建设教育强国目标和指标体系

中国梦，教育梦。中国现代化，首先要实现教育现代化。“教育是民族振兴、社会进步的基石，是提高国民素质、促进人的全面发展的根本途径，寄托着亿万家庭对美好生活的期盼。强国必先强教。”[①]为了实现党的十九大所提出的教育强国战略目标，需要及时构建国家教育强国指标体系，以指导教育发展、监测教育进程，以教育改革为先导，推进中国特色社会主义教育现代化，其目标是全面开发世界上最丰富的人力资源，全面投资全体人民的人力资本，把教育大国建设成教育强国，把高等教育大国建设成高等教育强国，把人口大国建设成人力资源强国，把人才资源大国建设成为人才资源强国，为2050年全面建设社会主义现代化强国奠定人力资源和国民素质基础。

6.1 中国建设教育强国的含义

参照张培刚先生关于工业化的定义[②]，“现代化”可以定义为：全社会范围，一系列现代要素以及组合方式连续发生的由低级到高级的突破性的变化或变革的过程。它的含义：首先，现代化一定是历史的概念，发展的概念，这就是说现代化不是一个固定的概念，也不是一个一成不变的概念，它是随着人们对现代化的实践和认识，不断丰富、不断完

① 胡锦涛在2010年全国教育工作会议上的讲话（2010年7月13日）。

② 张培刚．农业与工业化（上卷）：农业国工业化问题初探[M]. 武汉：华中工学院出版社，1984: 70–71.

善、不断动态变化的概念，这也意味着现代化并没有固定的模式或唯一的道路；其次，现代化是在全社会范围内的，包括经济现代化、社会现代化、政治现代化、文化现代化、人的现代化，以及生态文明建设，此外还有一个国防和军队现代化，它不只是单一的经济现代化；再次，现代化由现代要素及其组合方式构成，这就涉及土地、资源、能源、资本、劳动、教育、科学、技术、文化、信息和知识等现代要素，涉及要素组合方式，不同的要素有不同的组合方式，有的要素组合方式需要利用市场机制配置，有的要素组合方式需要由政府有效提供，有的要素组合方式需要由两种机制共同来提供；另外，现代化是一个连续积累的发展和建设过程，从低级到中级，再到高级，从量变到部分质变，再量变再到部分质变，最后引起质变；最后，现代化是全方位的变革，包括观念变革，经济变革，社会变革，文化变革等。[①]现代化是人类社会从传统的农业社会向现代工业社会、信息化社会转型发展的动态的历史进程。[②]从教育现代化的演变来看，教育现代化经历了从服务于现代化建设到兼顾自身现代化的过程，在实现自身现代化的同时，更好地适应和服务于社会主义现代化建设。[③]

办好人民满意的教育是建设教育强国的价值追求，加快教育现代化为教育强国建设的价值实现提供路径。[④]教育强国作为教育现代化的延伸和全面现代化的重要组成部分，对实现全面现代化至关重要。教育强国是教育系统的一系列现代要素以及组合方式发生的由低级到高级的突破性变化或变革的过程，是教育现代要素逐步占据主导性、支配性地位的过程。基于中国 2050 年全面建设社会主义现代化强国的构想，本研究提出建设教育强国、实现中国特色社会主义教育现代化的发展目标和

① 胡鞍钢 . 中国道路与中国梦想 [M]. 杭州 : 浙江人民出版社 , 2013.
② 顾明远 , 薛理银． 比较教育导论：教育与国家发展 [M]. 北京：人民教育出版社 , 1996.
③ 杨小微 , 孙阳 , 张权力 . 教育现代化 : 从梦想走向现实 [J]. 教育科学研究 , 2013(11): 5–12.
④ 钟贞山 , 赵晓芳 . 建设教育强国之“道”与加快教育现代化之“理”[J]. 南昌大学学报 (人文社会科学版), 2018, 49(6): 123–129.

指标体系。中国建设教育强国可以归纳为三个方面：

第一，不断增加教育的现代性因素，建立教育的现代化体系，实现教育的现代化目标。所谓教育现代化，就是教育的现代性因素不断增加、逐步达到世界较发达或发达水平的过程。到 2020 年，中国在教育现代化建设方面取得重大进展，教育规模、教育投入和教育基础设施（最主要的社会基础设施），以及教育产出等主要指标在世界范围内迅速达到中等发达国家水平，基本建成世界最大的、最具活力的人力资源强国。

第二，不断强化社会主义因素，坚持以人为本的教育发展理念，强调教育的社会性、公共性和国家性，强调理论与实践相结合、教学与生产相结合，发挥社会主义的制度优势，全面调动政府、市场、社会、家庭，以及受教育者、教育工作者等利益相关者的积极性，全面统筹各方面教育资源，全面促进教育公平、协调发展，使教育发展成果更多更公平地惠及全体人民，使全体人民“学有所教”，以教育公平促进社会公平正义。①

第三，不断挖掘利用中国各种文化因素，继承发扬中国优秀的教育传统和理念，并使之不断现代化，融入现代国民教育体系之中。针对中国区域发展、社会发展和民族发展的不平衡性，根据统一性和差异性相结合的原则，探索中西结合，有所同、有所不同的开放性，差异化、多元互补的教育发展模式，分阶段、分区域、分类别地推进战略规划实施，满足不同地区、不同人群的教育需求。在追赶并缩小与美国等发达国家教育水平差距的过程中，形成具有中国特色、中国学派、中国（教育）创新的社会主义教育现代化体系，基本建成世界上最大的全面学习、终身学习、灵活学习的学习型社会。

① 中华人民共和国中央人民政府网．习近平在北京市八一学校考察时强调 全面贯彻落实党的教育方针 努力把我国基础教育越办越好 [EB/OL]. (2016-09-09). http://www.gov.cn/xinwen/2016-09/09/content_5107047.htm?_k=awvxvi.

这也说明，中国建设教育强国不同于西方教育，更具有社会主义因素和中国特色因素，这是一个既追赶又超越西方教育现代化的过程。从社会主义因素看，充分体现了社会主义国家集中力量办教育大事的优越性，既可以在比美国人均收入水平和人均公共教育投入低得多的情况下，实现跨越式的教育发展，又可以在比美国城乡差距、地区差距大得多的情况下加速实现教育公平、教育平等，并使教育现代化要素普及全体人民，教育现代化成果惠及全体人民。从中国教育特色因素看，不仅可以广泛吸取西方现代教育的精华，“洋为中用”，使教育更加现代化；还可以充分结合中国传统教育的优秀思想，继承和发扬中国优秀传统文化和教育思想，“古为今用”，甄别并利用传统中的有利因素，加速传统的教育向现代性教育转变，[①]使教育成为中华民族伟大复兴的推动力和重要标志。中国的现代化就是十几亿人民的现代化，特别是教育现代化，具有社会主义核心价值观、道德素质和全面发展的内涵。

需要注意的是，2020 年，虽然中国全面建成小康社会即将成为现实，但总体上还远未实现现代化目标，中国人均收入只是达到世界上中等收入国家水平，服务业增加值比重和就业比重也不够高，城市化率还只是 60%左右，与此同时，老年人口比重不断上升，规模庞大且负担越来越重，仍处在社会主义初级阶段。这就决定了 2020 年所实现的教育现代化还是较低水平的教育现代化，还会是较不平衡的教育现代化，与美国的教育现代化水平仍有差距，特别是高等教育毛入学率显著偏低。

6.2 教育强国起点问题评估

在国际竞争方面，当前经济社会发展总体保持稳中向好态势，同时

① 褚宏启 . 教育现代化进程中的教育传统与教育现代性 [J]. 北京师范大学学报 (人文社会科学版), 2000(3): 31–36.

也面临国内外政治经济形势不确定性带来的严峻挑战。“十四五”时期仍处于紧紧抓住、大有作为的战略机遇期，但更是需要主动创造的战略机遇期。中国通过融入以美国为主导的经济体系、金融体系、贸易体系获得的快速追赶的战略机遇窗口期正在逐步接近尾声，国际竞争日趋激烈，人才培养与争夺成为焦点。中国正在实施创新驱动发展战略，主动创造新战略机遇，引领未来，引领世界，对于人才的需求比以往任何时候都要迫切。优先发展教育，构建完善的现代教育体系，建设学习型社会，培养大批创新人才，已成为人类共同面临的重大课题和应对诸多复杂挑战、实现可持续发展的关键。

在国内发展方面，“十三五”期间，我国牢固树立和贯彻落实创新、协调、绿色、开放、共享的新发展理念。在适度扩大总需求的同时，着力推进供给侧结构性改革，使供给能力满足广大人民日益增长、不断升级和个性化的物质文化和生态环境需要。实施创新驱动发展战略，深入推进大众创业、万众创新，实施人才优先发展战略，深化行政管理体制改革，推进农业现代化，优化现代产业体系，拓展网络经济空间，构筑现代基础设施网络，推进新型城镇化，推动区域协调发展，加快改善生态环境，构建全方位开放新格局，全力实施脱贫攻坚，提高民生保障水平。

在教育发展方面，“十三五”期间，尤其是十九大之后，我国不断推进教育现代化发展，取得了一系列成就，已建成包括学前教育、初等教育、中等教育、高等教育等在内的当代世界规模最大的教育体系，教育现代化发展总体水平跨入世界中上国家行列。①从数据上来看，教育经费人均投入逐年递增，相较于“十二五”末期实现了大跨步增长，虽然我国财政性教育经费占GDP比重距离发达国家平均水平还有一定差

① 中华人民共和国教育部．国新办发表《中国的全面小康》白皮书 我国教育现代化发展总体水平跨入世界中上国家行列 (2021-09-29). http://www.moe.gov.cn/jyb_xwfb/s5147/202109/t20210929_568061.html.

距，但每年我国财政性教育经费占GDP比重均在4%以上，社会捐赠经费一直保持在80亿元以上，各类学校教育经费事业收入逐年增长。

表6-1 “十二五”至“十三五”时期我国教育经费变化（2014—2018）

指标 \ 年份	2014	2015	2016	2017	2018
国家财政性教育经费（万元）	264205820	292214511	313962519	342077546	369957704
教育经费（万元）	328064609	361291927	388883850	425620069	461429980
教育经费投入占GDP的比重	4.1%	4.24%	4.22%	4.14%	4.02%
社会捐赠经费（万元）	796700	869960	810447	849974	947574
各类学校教育经费事业收入（万元）	54271581	58097239	62768292	69575734	77382499

数据来源:《中国统计年鉴2020》，北京，中国统计出版社，2020年。

和过去十年相比，“十三五”期间社会捐赠经费呈波动上升状态。受2008年汶川地震影响，2009年，社会捐赠经费一度达到1254991万元，但是，由于近几年来，一方面受通胀的影响，另一方面政府对教育的社会捐赠也缺乏应有的重视，激励捐赠的机制不够完善，各级各类学校也缺乏对口社会捐赠的专业人员和相应的社会捐赠经费，社会捐赠经费没有在“十三五”期间得到持续大幅提升。

从教育内部数据来看，“十三五”期间也取得了显著进展。兴国必先强师，教师是教育发展的第一资源。[①]以生师比为例，“十三五”时期小学和高中生师比有所下降，说明我国教育供给充分水平得到一定程度提升；但这个下降幅度并不大，且初中和普通高校生师比都有所上升，这也反映出无论是基础教育还是高等教育，都呈现师资供给不足的问题。加大对教师的培养投入，为各级教育快速、高质量发展提供师资保

① 曾天山．奋力谱写中国特色社会主义教育现代化新篇章[J]. 教育研究，2018, 39(9): 8-11.

障，这是未来一段时间的重要方向。此外，通过横向对比可以看出，小学生师比目前还远高于中学阶段，这也反映出“十三五”期间并没有吸引更多教师参与到低年段的基础教育中来，教育公平仍然是“十四五”期间需要关注的话题。

表6-2 “十二五”至“十三五”时期各级学校生师比（2014—2019）

指标＼年份	2014	2015	2016	2017	2018	2019
小学生师比（教师人数 =1）	16.78	17.05	17.12	16.98	16.97	16.85
初中生师比（教师人数 =1）	12.57	12.41	12.41	12.52	12.79	12.88
普通高中生师比（教师人数 =1）	14.44	14.01	13.65	13.39	13.10	12.99
普通高校生师比（教师人数 =1）	17.68	17.73	17.07	17.52	17.56	17.95

数据来源:《中国统计年鉴 2020》，北京，中国统计出版社，2020 年。

高等教育在“十三五”期间成就显著，“一流高校，一流学科”建设极大地推动了我国高校的发展，从数量上看，高校毕业生数逐年增长，2018 年研究生数量较“十二五”末期（2014 年）增长了近 13%，出国留学人员稳步增长，学成回国留学人员大幅度增长，较“十二五”末期（2014 年）增长了 42.38%。

表6-3 “十二五”至“十三五”时期高等教育主要指标（2014—2019）

指标＼年份	2014	2015	2016	2017	2018	2019
普通高等学校毕业生数（万人）	659.4	680.9	704.2	735.8	753.3087	758.5
研究生毕业生数（万人）	53.5864	55.1522	56.3938	57.8045	60.4368	63.97

续 表

指标 \ 年份	2014	2015	2016	2017	2018	2019
出国留学人员（万人）	45.98	52.37	54.45	60.84	66.21	–
学成回国留学人员（万人）	36.48	40.91	43.25	48.09	51.94	–

数据来源:《中国统计年鉴 2020》，北京，中国统计出版社，2020 年。

以上是对“十三五”教育规划完成情况的评估。从“十四五”时期经济社会发展规律来看，随着收入从中等偏上水平向高水平迈进，人民越来越期盼有更好的教育，教育强国建设还面临一些新挑战：

第一，教育需求前所未有地迅速增长。我国“十四五”时期国民收入发展方向和路线图是清晰可见的，即从中等偏上收入水平向高收入水平迈进，从富裕型消费结构（恩格尔系数低于 40%）进入更富裕型消费结构（恩格尔系数低于 30%）。从人类发展水平来看，我国整体处于高人类发展水平，并向极高人类发展水平迈进。截至 2018 年，大陆（内地）31 个省、自治区和直辖市中已经有北京、上海、天津、江苏、浙江、广东 6 个地区进入世界高收入水平阶段，总人口数达到 3.13 亿人，占全国总人口的 22.4%；到 2025 年，中国将有望进入高收入水平阶段，成为高收入国家。这一转型时期，人民对美好生活的企盼更加强烈，对教育等公共服务的需求将进入快速增长轨道，既表现为对基本公共教育服务产生巨大的需求，又表现为对各类非基本教育服务的多样化、多层次、多元化、个性化的消费需求迅速扩大。

第二，教育发展不平衡的矛盾更加严峻。21 世纪初，我国省级区域教育竞争力整体水平不高，两极分化严重，区域非均衡性明显，[①]尤

① 吴玉鸣，李建霞．我国区域教育竞争力的实证研究 [J]. 教育与经济，2002(3): 15–19.

其表现在高等教育发展水平上。[①]随着经济发展进入高质量阶段，社会矛盾中的深层次问题将更加显现，尤其是与社会公平相关的多类问题，体现为教育地区发展不平衡、城乡发展不平衡、人群发展不平衡。其中，从人群发展不平衡来看，一是我国正经历世界上规模最大的城镇化进程，拥有 2.4 亿流动人口，占全国总人口比重的 17.2%，许多公共教育服务项目难以覆盖；二是“十四五”时期我国进入中度老龄化阶段（老龄化水平大于 20%），并迎来老龄化人口又一次增长高峰，预计年均增加 1000 万人左右。根据全国老龄办的预测，2020 年老龄人口数将达到 2.43 亿人，其中失能老人数量将达到 4200 万人，80 岁以上高龄老人数将达到 2900 万人，预计到 2025 年我国 60 岁以上的老年人口总数将突破 3 亿人；三是我国目前残疾人群体总数达 8500 万人，占全国总人口比重的 6.1%，其中持证残疾人人数 3566.2 万人，仍大大低于残疾人总体规模，残疾人服务相对于总体规模来说覆盖范围不广、质量不高，各级残疾人教育服务设施也面临不小的缺口。因此，如何解决大规模的流动人口群体、老龄群体、残疾人群体等的基本公共教育服务问题，以及如何解决人群教育发展的不平衡问题，成为“十四五”时期的突出挑战。

第三，全球最大的教育服务市场孕育而出。中国作为世界最大的工业生产国，已经进入后工业化时代，开始从“工业主导时代”进入“现代服务业主导时代”。现代服务业已经成为中国经济增长的第一大发动机，对增长的贡献率超过 60%，到 2025 年，服务业增加值将达到 60%左右，还将成为全国就业的最大渠道，占比将超过一半。同时，新型工业化与现代服务业融合发展成为推动我国经济高质量发展的重要路径。再有，我国从“投资主导时代”进入“消费主导时代”，我国居民最终消费支出（PPP，2011 国际美元）占世界的比重从 2010 年的 8.9%提高至

① 胡咏梅，薛海平．我国教育竞争力的区域划分——与吴玉鸣博士等商榷[J]. 教育与经济，2003(1): 1-6.

2017 年的 13.1%，平均每年提高 0.6 个百分点，[①]预计到 2025 年将提高至近 18%，成为世界最大的居民消费（商品与服务）市场之一，由此满足 14 亿消费者多层次、多元化、多样化、个性化的消费需求。我国政府消费支出（现价美元）占世界的比重从 2010 年的 6.8% 提高至 2017 年的 13.5%，平均每年提高 0.96 个百分点，[②]预计到 2025 年将提高至 20% 左右，成为世界最大的教育服务市场之一，由此满足 14 亿人口的公共服务需求，促进服务业保持中高速增长（7%—8%），与教育服务相关的产业将有机会得到更加充分的发展。这一时期我国生活性服务业向精细化和高品质转变，服务水平、服务质量、服务覆盖人口不断提升。

第四，教育财政支出压力加大。“十三五”时期我国各类学校教育经费和社会捐赠经费不增反降。我们对“十四五”期间我国的经济增长趋势及教育财政支出情况进行了预测。结果表明：“十四五”期间我国仍将保持中高速增长，2020—2025 年期间，我国 GDP 年均增长率将在 6% 左右；按 2018 年不变价格计算，我国 GDP 总量将从 2020 年的 101.8 万亿元提高至 2025 年的 136.3 万亿元，相当于 2020 年 1.34 倍。根据估算，“十四五”时期我国教育一般财政预算支出[③]将从 2020 年的 4.3 万亿元增加至 2025 年的 6.2 万亿元。但是，与基本公共教育服务的发展需求相比，这仍难以满足全社会 14.2 亿人的巨大需求。

除此之外，“十四五”基本公共教育服务发展还面临传统问题：资源配置不均衡，硬件软件不协调，服务水平差异较大；基层教育公共服务设施短缺、利用效率不高，教师等人才缺口严重；一些服务项目存在覆盖盲区，尚未有效惠及全部流动人口和困难群体；体制机制创新滞后，

① 计算数据来源：世界银行 WDI 数据库：https://datatopics.worldbank.org/world-development-indicators/themes/poverty-and-inequality.html.

② 计算数据来源：世界银行 WDI 数据库：https://datatopics.worldbank.org/world-development-indicators/themes/poverty-and-inequality.html.

③ 财政性公共服务支出计算数据包括公共安全支出、教育支出、文化体育与传媒支出、社会保障和就业支出、医疗卫生和计划生育支出、城乡社区支出、住房保障支出。

社会力量参与不足。

6.3 教育强国目标和指标设计

6.3.1 目标制定原则

第一，凸显“以人为本”科学发展观的基本原则和主线，保证教育优先，加大教育投入。坚持育人为本、德育为先、能力为重，培养德智体美劳全面发展的社会主义建设者和接班人。促进人的全面发展，加快人才体制改革，更好地服务于国家和人民。财政教育投入能够基本保障教育事业的发展需要，鼓励多种渠道筹集教育经费。

第二，充分体现中国特色的社会主义教育现代化理念。一是不断增加教育的现代化因素，建立现代化的国民教育体系，实现教育现代化的基本目标。教育现代化是教育的现代性因素不断增加、积累并发展到世界上教育发达水平的过程，不断缩小与美国教育发展水平的差距。二是不断强化社会主义因素，坚持以人为本的教育发展理念，强调教育的社会性和国家性，强调理论与实践相结合、教学与生产相结合，发挥社会主义的体制优势，集中力量办大事，全面调动政府、学校、社会、企业、个人的积极性。全面统筹各方面教育资源，全面促进教育公平，使得不同地区、不同居住地、不同性别、不同收入的人群都能享有大体均等的公共教育服务。全面提升全体国民的发展能力，基本建成世界上最大的全面学习、终身学习、灵活学习的学习型社会。三是针对各地差异很大，城乡发展条件不平衡的基本国情，根据统一性和多样性相结合的原则，探索中西结合、开放的、差异化的教育发展模式，满足不同地区、不同人群的教育需求，在构建中国教育现代化体系中有重大创新。

第三，支撑引领全面现代化，率先实现教育现代化。教育支撑国民经济与社会发展，根本是要进一步培养大批高素质人才，进一步提高教育对全社会创新的支撑作用，进一步开放教育事业，扩大人力资本相关产业规模，进一步繁荣教育事业，提高教育对经济增长的贡献。提高全社会教育投资占GDP比重，提高人力资本、科技创新对经济增长的贡献率，提高人力资本相关产业增加值的比重。扩大教育开放程度，吸引世界优质教育资源。

6.3.2 指标选取原则

积极引导。立足国家教育发展的现实国情，结合各地区发展阶段和发展目标，制定目标和指标，通过评估、诊断，寻找中国教育现代化进程的发展难题，以教育现代化指标引领、监督、指导教育工作。在指标选取中，着重关注教育改革的热点、难点和重点，指标体系力求精简、扼要，抓住教育现代化的主要特征与核心要素，推进教育现代化进程。

目标具有现实的针对性、导向性，重点解决当前教育改革和发展中的突出矛盾和热点问题，服务于当前经济社会建设全局，从当前阶段的需要出发，着力解决教育发展的主要问题，化解主要矛盾，完成主要任务。指标体系对于各地方具有指导意义和导向功能，成为促进教育现代化的重要抓手。

同时，目标还具有长远的前瞻性，着力解决教育改革和发展中的深层次矛盾和长期性制约因素，具有清晰的、明确的政策导向。制定教育现代化指标体系要有长远的战略眼光，要充分考虑我国2020年、2035年、2050年的教育发展远景以及教育发展中的长期目标。

国际可比。中国作为教育现代化的追赶国，需要与不同国家进行比较和借鉴先进经验。这就需要广泛吸收国际上比较成熟且通用的评估指标，比如世界银行、联合国开发计划署、联合国教科文组织的评估指标。采用国际通用指标的同时，保证了数据可得，实现了国际可比，也将使得中国教育可以与世界对话，告诉世界中国教育现代化的发展进程、发展目标和发展阶段。

量少而精。设计指标体系，重点关注亟待解决的问题和指标，去除已经完成或完成较好的指标，用于重点评测教育现代化进程中的关键领域和亟待解决的问题。

相互补充。各发展目标相互补充。包括纵向互补，即与国家《“十四五”规划纲要》《国家中长期教育改革和发展规划纲要（2010—2020年）》《国家中长期人才发展规划纲要（2010—2020年）》等国家规划目标相衔接；也包括横向互补，即考虑各类型发展目标间的互补，即经济目标、公共服务目标等相互补充。对指标进行综合平衡测算，包括供给与需求的平衡、财政能力与公共教育水平的平衡、经济社会发展与教育发展水平的平衡、相对量指标的平衡。

6.3.3 中国建设教育强国目标与指标

2035年中国建设教育强国，要率先基本实现中国教育现代化，全面建成更高水平的人力资源强国，全面建成惠及全民的教育公平社会，全面建成体系完备的终身学习型社会，全面建成贡献显著的教育红利社会，全面建成充满活力的现代化教育体系。具体来看，就是要实现普及与公平、水平与质量、条件与保障、服务与贡献、国际化与信息化等五个维度的基本现代化，支撑和引领全面现代化。

一是全面建成更高质量的现代教育。推进素质教育，办人民满意的教育。将素质教育作为推进教育改革的突破口和关键环节，在教育管理体制、办学体制、教育内容、教育方法、考试评价制度改革上取得重要进展。学生思想道德素质、学业成就水平、科学文化素质、体质健康水平明显提高。人民接受高质量教育的需求得到更大满足。教育的国际化程度大幅度提高，国际影响力大大增强，成为教育服务输出的盈余国。

来华留学生数翻一番半，接近 70 万人，超过美国 2008 年的水平，[①]出国留学人员归国率大幅度提高，来华高校外籍教师数翻一番，达到 2 万多人。广泛全面开展多层次、多渠道的教育国际交流合作。鼓励和支持中国大学进入世界 500 强：一是中国在世界 500 强大学的数量大幅度增加；二是中国在世界 100 强、200 强的大学数有所增加。

二是全面建成惠及全民的公平教育。到 2035 年，实现更高质量教育。普及学前教育，超过高收入国家平均水平，[②]大幅度超过美国。[③]将延续了 30 余年的"9 年义务教育"制度向高中阶段延伸，推进国家免费义务教育的施行，[④]基本实现 12 年义务教育；全面普及高中阶段教育，[⑤]高中阶段教育毛入学率接近 100%，接近高收入国家平均水平。高等教育大众化水平进一步提高，高等教育毛入学率达到 60% 以上，缩小与高收入国家平均水平的差距。新增劳动力平均受教育年限超过 15.5 年。保障人民共同享有接受良好教育的机会，办人民共同满意的教育。建成覆盖城乡的基本公共教育服务体系，实现基本公共教育服务均等化，缩小区域差距、城乡差距和不同群体之间的差距。非城镇户籍人口教育免学费年限达到 12 年。推进教育资源均衡分配，促进义务教育均衡发展，义务教育发展基本均衡县达标率达到 100%，城乡生均教育经费比显著降低，消除教育贫困，扫除文盲，文盲率接近零。

---

① 美国"门户开放报告"（Open Doors Report）数据显示，2008 年在美外国留学生的数量为 67.2 万人。见 Open Doors 2009 Report on International Educational Exchange, Institute of International Education. http://opendoors.iienetwork.org/.

② 高收入国家的平均水平为 85%，高收入国家中上组平均水平为 90%。数据来源于 UNESCO Institute for Statistics, Global Education Database.

③ 根据联合国教科文组织的数据，美国 2010 年学前教育毛入园率为 69%，中国 2011 年为 62.3%，美国近 20 年来，一直维持在这个水平。因此，2020 年中国学前教育毛入园率将大幅度超过美国。事实上，2008—2010 年，俄罗斯的学前教育毛入园率一直保持在 90%。数据来源于 Institute for Statistics, Global Education Database 2013.

④ 杨小敏，杜育红，赵佳音．国家免费基础教育向高中阶段延伸的前瞻研究 [J]. 中国教育学刊，2015(11):47–52.

⑤ 李建民．"全面普及高中阶段教育"的内涵释要与路径选择 [J]. 教育研究，2019(7): 73–82.

三是全面建成终身学习型社会。法国教育家保罗·朗格朗（Paul Lengrand）认为，教育特别是成人教育是帮助人们开创美好生活世界的重要途径。[①]要建成人人学习、时时学习、终身学习的学习型社会，促进全体人民学有所教、学有所成、学有所用。普遍树立起终身学习的观念，普遍享有终身学习的机会，广泛形成终身学习的社会风气。学历教育和非学历教育协调发展，职业教育和普通教育相互沟通，加快中等职业教育发展，实现中等职业教育和普通高中教育大体相当，职前教育和职后教育有效衔接。从业人员继续教育参与率达到50%以上，提高农村劳动力转移培训和进城务工人员培训人次数。建成终身学习制度体系。现代国民教育体系更加完善，终身教育体系基本形成。构建学习型机关、学习型企业、学习型社区和学习型乡镇，使城乡居民学有所教、学有所成、学有所用，基本形成体系完备的城乡一体化的学习型社会。[②]完善职业资格认证体系，完善继续教育评价体系。

四是全面建成教育红利社会。教育对经济社会发展的溢出效应更为显著，支撑作用更为强化，引领作用更为突出。以教育率先基本现代化引领全面现代化。教育的人才红利更为显著，为中国特色的社会主义现代化源源不断地输送各行各业的优秀人才，培养和造就一大批拔尖创新人才、数以亿计的专门人才和高素质劳动者，人才资源总量达到2.7亿人，居世界领先水平，高等教育毕业生实现充分就业，毕业生初次就业率超过77%，为中国建成人才强国做出重要的贡献。教育的创新红利更为显著，高校研发能力显著增强。建设若干所世界一流大学和一批国际知名的高水平大学，高校科技创新和哲学社会科学研究能力显著增强，高校发明专利授予量超过6万件，高校国际科学论文收录数超过300万篇，为中国建成创新型国家做出重要的贡献。教育的经济红利更为显

① 保罗·朗格朗．终身教育导论[M]．北京：华夏出版社，1988.

② 韩清林，秦俊巧．中国城乡教育一体化现代化研究[J]．教育研究，2012, 33(8): 4-12.

著，为中国经济增长提供人力资源保障，人力资本对经济增长的贡献率进一步上升。[①]推动经济发展方式转变，促使劳动力从低劳动生产率的农业向高劳动生产率的非农产业转移。提高教育服务业及相关产业占GDP比重，实现教育服务业及相关产业产值大幅增长。

五是全面建成充满活力的现代化教育体系。全面深化教育体制改革，全面建成与社会主义市场经济体制和全面建成小康社会目标相适应的充满活力、富有效率、更加开放、更加公平的教育体制机制，办出具有中国特色、世界水平，人民满意的现代教育。建立政府主导、多元主体共同参与、公共财政保障、多种渠道筹措资金、面向基层、上下联动的可持续的教育基本公共服务供给机制，强化和健全基层的基本教育公共服务体系。保证教育优先，加大全社会教育投入。以财政教育投入保障教育事业发展，鼓励多种渠道筹集教育经费。教育总经费占GDP比重达到7%左右。提高教育投入产出效率。改革创新国民教育体系。创新人才培养模式，教学内容、招生制度、质量评价改革和制度建设取得突破。教育质量全面提高。各级各类教育质量显著提高，教育思想先进，教师素质全面提高，学生综合素质显著提高。各级各类学校的办学条件均达到国家规定标准，基本普及信息基础设施，教育信息化水平显著提高，信息化配备水平显著提高。

---

① 分析2001—2020年中国经济增长的来源可以发现，中国经济增长模式正在经历一个重大转变，即由同时依赖劳动力数量和质量型转向主要依靠劳动力质量型。未来7年，教育对于经济增长的直接贡献大体保持在8%左右，而劳动力增长率还将继续下降，劳动力数量增长对于经济增长的贡献则下降到4%以下。

表6-4 中国教育强国指标体系（共23个）

类别	指标	2010年	2015年	2020年	2035年	属性①
教育水平（2个）	预期受教育年限（年）	11.7[a]	12.5	13.8	15.2	约束性
	新增劳动力平均受教育年限（年）②	12.4[bc]	13.3	14.2	15.5	预期性
教育质量（5个）	人才资源总量（亿人）[e]	1.14	1.56	1.8	2.7	预期性
	学生学业成就水平					预期性
	学生体质健康水平					预期性
	继续教育参与率（%）		42	50	>60	预期性
	世界前500名大学数（所）[中国（大陆）]	9	20	30		预期性
教育公平（6个）	学前教育毛入园率（%）	62.3[a]	80	90	>95	约束性
	高中阶段教育毛入学率（%）	82.5	87[c]	95	>98	约束性
	高等教育毛入学率（%）	26.9[a]	36	40	>60	预期性
	农村人口（含民工）基础教育免学费年限	9	12	12	12	约束性
	义务教育基本均衡县达标率（%）③		65	95	100	约束性
	城乡生均教育经费比	1.2	1	0.9		约束性

① 量化指标分为预期性和约束性两类：预期性指标是指国家期望的人才发展目标，主要依靠社会主体的自主行为实现，政府的作用主要体现在创造良好的宏观环境、制度环境、市场环境和社会环境上；约束性指标是在预期性指标的基础上进一步明确并强化了政府责任的指标，是中央政府在人才发展领域对地方政府和中央政府有关部门提出的工作要求，政府要通过合理配置公共资源和有效运用公共力量，确保实现。

② 新增劳动力平均受教育年限是《国家中长期教育改革和发展规划纲要（2010—2020年）》制定的指标，是一个已经形成政治共识的指标。

③ 根据教育部《县域义务教育均衡发展督导评估暂行办法》（2012年1月20日），我国将重点评估县级政府均衡配置教育资源的情况。以生均教学及辅助用房面积、生均体育运动场馆面积、生均教学仪器设备值、每百名学生拥有计算机台数、生均图书册数、生师比、生均高于规定学历教师数、生均中级及以上专业技术职务教师数8项指标，分别计算小学、初中差异系数，评估县域内小学、初中校际的均衡状况。

续 表

类别	指标	2010年	2015年	2020年	2035年	属性
教育贡献（4个）	毕业生初次就业率（%）	>70	>73	>75	>77	预期性
	高校发明专利申请授权量（万件）	1.5	2.5	4		预期性
	高校发表国际科技论文（万篇）	110	177	250		预期性
	人力资本对经济增长的贡献率（%）	(4.5)[d]		(8)		预期性
教育投入（4个）	全社会教育总经费占GDP比重（%）	5.2	5.8	6.4	>7	预期性
	财政性教育经费占财政总支出比重（%）	16.3[a]				约束性
	教育经费使用结构					约束性
	各级教育生师比					约束性
教育国际化（2个）	外国来华留学生数（万人）	26.5[a]	40	>70	>100	预期性
	来华高校外籍教师比例（%）	0.8	1	2	5	预期性

说明：a系2011年数据；b系2009年数据；c来源于《国家中长期教育改革和发展规划纲要（2010—2020年）》；d系按投入要素分解测算，2006—2009年人力资本对经济增长的贡献率14.9%；e来源于《国家中长期人才发展规划纲要（2010—2020年）》，括号内为五年平均值。人才按专业技术、党政、国有企业经营管理、技能、农村实用“五支队伍”计算。

第七章 完善教育现代化战略的主要思路

7.1 教育战略支撑全面现代化强国

中华人民共和国成立初期，教育事业处于战略附属位置，为无产阶级政治服务，目标是培养有社会主义觉悟的有文化的劳动者；在改革开放探索时期，教育处于战略制高点，通过实施教育现代化、教育改革创新与创新型人才培养，来完善社会主义教育体系，培养高素质人才。当下，教育事业处于“党之大计”的战略重心位置，坚持“四个服务”，构建质量兼顾、独具特色的教育新体系，以建成一支高素质劳动大军。[①]党的十九大报告确立了从2020年到21世纪中叶的30年全面建设社会主义现代化国家分两个阶段来安排。这不仅对我国推进教育现代化建设提出了新目标，也对教育体系现代化建设提出了新要求。

从2020年到2050年，总目标是全面建成富强民主文明和谐美丽的社会主义现代化强国。包括六个方面的强国目标：

第一，建成富强的社会主义现代化经济强国。到2035年我国人均GDP达到中等发达国家水平，到2050年达到发达国家水平。[②]主要经济、产业贸易等总量指标居世界第一，核心竞争力名列世界前茅。科技

① 龙宝新．新中国成立70年来我国教育战略演进轨迹研究[J]. 内蒙古社会科学(汉文版), 2019, 40(2):167–176.

② 根据世界银行提供的数据，2018年我国人均GDP（PPP, 2011年国际美元）相当于OECD国家人均水平的39.9%；到2035年相当于OECD国家人均水平的70%以上；到2050年接近于OECD国家人均水平。

实力大幅跃升，成为世界科技创新强国、主要科学中心和创新高地。

第二，建成民主的社会主义现代化政治强国。社会主义民主政治建设、法治社会建设、法治国家建设、政治文明建设达到更高水平，全面实现国家治理体系和治理能力现代化，使中国特色社会主义制度更加巩固、优越性充分展现。

第三，建成文明的社会主义现代化文化强国，社会主义先进文化建设、精神文明建设、文化事业建设、文化产业发展达到更高水平，人民精神文化生活更加丰富，公民道德素质全面提高。中华文化整体实力、国际影响力、国际软实力更加强大。

第四，建成和谐的社会主义现代化社会强国。全面建成更高水平、更高质量、更加便捷的公共服务体系，实现全人口覆盖、全生命周期覆盖、全服务过程覆盖，人口健康、教育社会等指标进入世界前列，建设充满活力、团结和睦的社会，各地区、城乡、收入差距全面缩小。

第五，建成美丽的社会主义现代化生态强国。创新最具中国特色生态文明的绿色现代化，实现人与自然和谐相处、共生共荣，建成人水和谐之国，建成碧水蓝天之国，建成世界现代化的绿色能源之国，建成资源节约型社会、环境友好型社会，建成气候适应型社会、低灾害风险型社会。

第六，建成世界强大的一流军队，国防实力、军事战斗力居世界前列。

在实现社会主义现代化的所有要素中，人是最核心的，也是现代化的终极目标。教育现代化就是人民现代化，就是现代教育要素在全体人民身上不断发展、不断满足、不断平衡、不断加强的过程。我国教育现代化必须适度超前，发挥基础性、先导性、长期性、累积性作用，全面支撑我国社会主义现代化强国建设两阶段目标。《中国教育现代化2035》给出了发展方向、战略定位、中长期目标、实现路径、政策重点，对全面建设教育现代化制度体系提出明确的要求。

表7-1 中国研发、教育资本投入占GDP比重及展望（2015—2050）

	2015年	2019年	2020年	2030年	2035年	2050年
研发强度（%）	2.06	2.23	2.5	3	3.11	3.5
国家财政性教育经费支出占GDP比重（%）	4.26	4.02	4.12	5.13	5.28	5.5
合计（%）	6.32	6.25	6.62	8.13	8.39	9

数据来源：2015年、2019年数据来源于《中国统计年鉴2020》，北京，中国统计出版社，2020年。

7.2 加快部署教育体系服务于全面现代化强国目标的前瞻性制度

从某种意义上说，教育现代化的历程，就是通过教育制度创新不断激发思维创新、技术创新，不断激发社会创造性活力，进而促进生存方式进步的过程。[①]教育体系现代化需要全面贯彻“以人民为中心”的思想，遵循教育发展规律和人才发展规律，破除体制机制壁垒，适应教育生产力发展，释放教育生产力，深化改革教育治理体系，实现教育生产力从不公平到公平、从不充分到充分的转变，促进教育资本（包括研发资本、人力资本、物质资本等）向人才、文化、科技、创新不断转化。

坚持党对教育工作的全面领导体制。党的领导是引领新时代中国特色社会主义教育事业不断前进的最大政治优势，是办好中国特色、世界水平的现代教育的根本政治保证。加强党的领导和党的建设，加强思想

① 田正平，李江源．教育制度变迁与中国教育现代化进程[J]．华东师范大学学报（教育科学版），2002, 20(1):39–51.

政治工作体系建设，是形成高水平人才培养体系的重要内容。[①]坚持党管办学方向、管改革发展、管干部、管人才，把党的领导贯穿教育工作的各方面各环节，使教育领域成为坚持党的领导的坚强阵地。

坚持立德树人，贯彻义务教育“五育”并举。把立德树人融入思想道德教育、文化知识教育、社会实践教育各环节，形成更高水平的人才培养体系，坚持“五育”并举，全面发展素质教育，培养德智体美劳全面发展的社会主义建设者和接班人。[②]强化课堂主阵地作用，切实提高课堂教学质量，深化基础教育课程教材改革。深化教育体系改革，健全立德树人落实机制。[③]大力度深化教育“放管服”改革，完善和优化教育质量的评价体系。健全质量评价监测体系。建立以发展素质教育为导向的科学评价体系，国家制定县域义务教育质量、学校办学质量和学生发展质量评价标准。

完善中国特色国民教育体系。运用数字化、信息化、智能化手段，推动“四个自信”融入国民教育全过程，完善立德树人体制机制，加强党史、国史、改革开放史教育，加强爱国主义、集体主义、社会主义教育。古今中外，每个国家都是按照自己的政治要求来培养人。[④]

完善覆盖全生命周期的教育服务体系。教育体系现代化建设，要以人的生命周期作为微观基础，对不同年龄阶段进行持续、累积的人力资本投资，建立符合人的生命全周期、教育服务全过程、涵盖不同类型的全人群、普遍惠及全体人口、融入现代化建设全局的教育现代化制度体系。

---

① 习近平 . 在北京大学师生座谈会上的讲话 [N]. 人民日报 , 2018-05-03.

② 习近平 . 决胜全面建成小康社会 夺取新时代中国特色社会主义伟大胜利——在中国共产党第十九次全国代表大会上的报告 [N]. 人民日报 , 2017-10-18.

③ 习近平在全国教育大会上强调 坚持中国特色社会主义教育发展道路 培养德智体美劳全面发展的社会主义建设者和接班人 [N]. 人民日报 , 2018-09-11.

④ 习近平 . 在北京大学师生座谈会上的讲话 [N]. 人民日报 , 2018-05-03.

完善公平可及的基本公共教育服务体系。学前教育作为一项社会公益事业，具有明确的公益属性。[①]把普惠性学前教育纳入基本公共服务范畴，形成广覆盖、保基本、多元化、多样化、覆盖城乡的婴幼儿照护服务体系。加快推动城乡义务教育一体化发展，进而助推“乡村振兴战略”的实施，[②]促进高中阶段教育普及水平再上新台阶，进入普及阶段。

完善“双一流”建设长期资助制度，创新学科集群发展制度体系。双一流建设要确保追求卓越且长期可持续，以科学问题为导向整合学科资源，坚持研究领域和问题牵引，创新学科整合方式和路径，打破学科壁垒，打造以原创、高端、前沿的国际问题为导向的学科集群。

完善现代学校管理制度。改善各级各类学校的分工与合作，建立符合现代教育发展规律的薪酬制度，为学校发展注入活力与动力。深化改革教育评价制度，[③]以强有力的监管杜绝教育领域乱象，完善学校责任机制，建立起调动积极性、发展可持续、系统协调的管理运行机制。

完善中国特色国家资历框架制度体系。通过国家资历框架（包括终身教育资历框架）、学分银行、学分转换和累积系统等一系列政策工具，实现教育系统和劳动力市场的衔接，实现终身教育。实现学校教育和非学校教育、正规学习和非正规学习、成人教育和职业培训等各种类型的教育之间学习成果的相互认可和多维转换。

完善中国特色语言教育体系。推广国家公共语言文字，兼顾少数民族语言文字教育，此外，在推广英语教育基础上引进第二外语教育教学体系，在教育的多个环节引入第二外语，努力实现相当一部分学生能至

① 周文龙，李玲，刘一波．学前教育现代化战略与路径研究——基于学龄人口预测 [J]. 中国电化教育，2020(5): 80-87.

② 纪德奎．乡村振兴与教育发展（笔谈）[J]. 教育研究，2018, 39(7): 79-82.

③ 习近平指出，坚决克服唯分数、唯升学、唯文凭、唯论文、唯帽子的顽瘴痼疾，从根本上解决教育评价指挥棒问题。习近平在全国教育大会上强调 坚持中国特色社会主义教育发展道路 培养德智体美劳全面发展的社会主义建设者和接班人 [N]. 人民日报，2018-09-11.

少掌握两门外语，服务“一带一路”倡议、“走出去”等国家大战略。

完善海外人才教育引进体系。大力引进来中国受教育的海外人才，形成比较成熟的教育引进体系，培育较好的来华受教育氛围，了解中国政治、经济、文化等各方面内容，化解西方对于中国的偏见，培养未来的中国亲善大使。

完善与产业体系相适应的现代职业教育体系。教育与生产劳动和社会生活相结合是现代教育的普遍规律，体现了现代教育的生产性与社会性。①优化职业教育服务产业布局，推动职业教育集团化发展，提高进入中高职衔接和中本贯通通道职校学生的比例，全面建成职业人才衔接培养体系，全面推进产教融合，深化产教融合、校企合作，促进职业教育体系开放融合。

完善民办教育规范体系。鼓励并规范社会教育培训机构向社会开放数字化学习资源及服务，推进网上学习平台互联互通和社区教育数字化学习资源的建设与共享。加强对民办学校办学行为的监督和管理，完善民办教育机构的重组和退出机制，推动教育资源优化配置。规范发展民办教育，促进教育服务业质量提升。引导社会资本参与发展幼儿教育领域、职业教育领域、终身教育领域。规范社会资本以多种形式参与教育服务，加强对民办教育机构的分类管理。规范各类教育培训机构运营。

提高教师队伍专业化水平。高素质专业化创新型的教师队伍是加快教育现代化的关键，是强国之本。②以“四有好教师”为标准，贯彻落实新时代中小学、幼儿园职业行为准则，把师德师风作为教师素质评价的基本要求；在职业院校、应用型高校大力培养“双师型”教师队伍，建

---

① 顾明远，马忠虎．教育现代化：中国教育改革和发展的路径与愿景——顾明远教授专访[J].苏州大学学报(教育科学版), 2014, 2(1): 1–5, 126.

② 刘昌亚．加快推进教育现代化 开启建设教育强国新征程——《中国教育现代化2035》解读[J].教育研究，2019(11): 4–16.

立“双师型”教师队伍培养标准；提高高校教师创新能力，培养“政治素质过硬、业务能力精湛、育人水平高超”的高素质高校教师人才队伍；提高教师的社会地位，全面提升教师待遇，优化教师人才队伍。

完善教育帮扶制度体系。健全家庭困难学生资助体系，重点帮助低收入人口子女接受教育，建立针对特殊地区（革命老区、少数民族地区、边远地区、相对落后地区或不发达地区）的“雪中送炭”教育帮扶机制，发展教育对口支援制度。

完善老年教育体系。为社会成员提供多样化的教育选择，增加对老年教育的投入，充分开发老年人力资源，提升老年人的生活品质。推动老年教育，融入养老服务体系，大力发展城乡社区老年教育、社团老年教育、网络老年教育，充分发挥电视传媒的教育作用。

完善中华优秀传统文化教育体系。文化是民族凝聚力和创造力的重要源泉，传承和引领先进文化是繁荣社会主义文化赋予教育的历史使命。①立足中华优秀传统文化，形成体系完善、内容全面、影响深入的教育体系，进入各级各类课堂，筑牢社会主义核心价值观，充分体现对中华优秀传统文化的传承和升华，增强国家文化软实力，全力支撑社会主义文化强国目标。

完善教育投入保障制度。优化教育财政投入结构，优化教育财政性经费投入统计方式，健全教育财政投入稳定增长长效机制，健全以政府投入为主、多渠道筹集教育经费的体制，落实教育优先发展战略的根本举措在于增加教育投入，②大幅度增加全社会教育总投入，提高企业、社会团体和私人等非政府的多渠道的教育投入。

---

① 第一战略专题调研组，吴启迪，胡瑞文．教育发展总体战略研究[J]．教育研究，2010, 31(7): 3–8.

② 范国睿．教育制度变革的价值追求与战略选择——纪念教育改革开放四十年[J]．全球教育展望，2018, 47(7): 66–75.

7.3 完善基本公共教育服务体系

教育是现代化的基础和先导，基本公共教育服务是教育现代化的重要内容，是促进全体人民现代化、决定教育现代化成败的关键，也是体现社会主义优越性的根本。

发展现代基本公共教育服务体系。“十四五”时期要把构建完善的现代教育体系作为重点工程，全面建立系统完善、层次分明、衔接配套、科学适用的基本公共教育服务体系。通过改进财政性教育经费的支出结构，提高教育公共部门生产率，鼓励并引导全社会和市场主体资金向教育部门倾斜。

发展现代公共教育服务标准体系。推进基本公共教育服务标准化，将各类设施的资源配置和各项服务保障的标准明晰化，不同类别、不同地区的公共教育服务的标准水平要有机衔接。发展基本教育公共服务标准的动态调整机制。确保公共教育服务标准体系有机衔接、因地制宜、因时制宜。

发展现代公共教育服务技术体系。加大对公共教育服务发展技术相关研究的投入力度，大力开展公共教育服务科学规律研究和社情民意调查分析，鼓励公共教育服务相关领域的科学研究与探索，结合大数据、云计算、新技术等发展适宜推广的公共教育服务技术体系，不断丰富与完善公共教育服务管理的技术工具，鼓励社会、集体或个人合理合法积极参与公共教育服务技术体系建设。

发展现代公共教育服务监督体系。完善基本公共教育服务统计监测评估机制，通过资源数据库和服务反馈数据库完善数据体系建设，推进教育大数据和信息技术的深度融合，构建教育测评模型体系，实现线上线下融合评估、主观和客观联合评估，发挥目标评价导向作用，按照共同但有区别的原则，逐步将公共教育服务的相关指标纳入政府考核体系中，与政府目标责任挂钩，并定期向社会公开公布考核结果，完善社会的公共教育服务意见表达机制，使公共教育服务的反馈简单化、便捷化。建立健全公共教育服务相关领域各类监督监察执法制度，加强执法队伍建设，为民生高质量发展提供监督保障。

发展现代教育服务业规范体系。教育服务业多数领域都处在探索期，社会各界对其发展规律的认识还不充分。如何在商业盈利与社会责任之间找准企业定位、市场定位，需要在开放非基本公共服务市场的同时，设定制度规范。教育服务业规范体系不仅包括对教育服务市场主体和行业的规范，还包括对政府购买准入的政府行为准则的规范，促使各地区各部门按照一定行为准则和程序吸引社会资本参与公共产品和公共服务项目的投资、运营和管理。实现政府和市场机制同向发力，共同建设教育服务市场。

7.4 结语

中国与美国教育差距缩小的过程就是中国提升国家竞争力的过程，二者是统一的。这将是人类历史上具有显著意义的教育先导型追赶和崛起，也是中国实现伟大复兴的必由之路。中国最具竞争力的优势就是人力资本优势，中国的基本国策是强化人力资本投资。人力资源是国民经济长期持续增长的第一资源；开发人力资源是全面建设社会主义现代化的第一目标。中国未来的经济持续稳定发展和人民生活质量的改善，极大程度上依赖于人力资本的积累和使用。教育公平是最大的公平，教育责任也是政府的第一责任。中国要建成全世界最大的学习型社会，实现教育现代化，这不仅是中国崛起的必要条件，也是中国长远竞争力的根本来源。

教育竞争力与国家竞争力密不可分。首先，教育竞争力是国家竞争力的核心。另一方面，教育为先，教育竞争力的提升对国家竞争力起到了积极的引领、支撑和先导作用。教育为经济发展繁荣提供人力资源基础，是中国实现从人力资源大国到人力资源强国转变的根本途径，为中国提升国家竞争力奠定了根本的人力基础。教育贯穿绿色文明建设的各个环节，推动经济发展方式的转变，促进“四化同步”，是实施创新驱动发展战略的根本动力。教育在扩大人民民主、增强文化软实力、全面提高人民生活水平、提高全民受教育程度和培养创新型复合型人才等方面都有重要作用。现代化的教育通过培养高素质的劳动力和创新型的人才，为国家发展提供充足和高质量的人力资本，使中国实现从人力资源大国向人力资源强国的转变，推动国家创新战略的实施，进而通过人力资本和创新战略两大要素，促进两个“百年”总目标的实现。中国教育竞争力和国家竞争力提升目标相辅相成，只要我们坚持以人民为中心的指导思想，坚持党的十九大、十九届五中全会精神和中央相关教育政策，做好贯彻执行，一定能够如期实现教育强国和提升国家竞争力的目标，实现中华民族的伟大复兴。

附录一 教育主要指标的含义和计算说明

1.学前教育毛入园率（%）。学前教育在园（班）幼儿数占适龄人口的比例。计算公式：学前教育毛入园率（%）=学前教育在园（班）幼儿数/3—5 岁年龄组人口数 ×100%。

2.高中阶段教育毛入学率（%）。普通高中、中等职业教育在校生数占适龄人口的比例。计算公式：高中阶段教育毛入学率（%）=高中阶段教育在校生数/15—17 岁年龄组人口数 ×100%。

3.高等教育毛入学率（%）。高等教育在学人数占适龄人口的比例。计算公式：高等教育毛入学率（%）=高等教育在学人数/18—22 岁年龄组人口数 ×100%。

4.文盲率（%）。年龄超过 15 岁、既不会读又不会写字的人在相应的人口中所占的比例。计算公式：文盲率（%）=15 岁及以上的文盲人数/15 岁及以上的总人口数 ×100%。

5.农村人口（含民工）基础教育免学费年限（年）。基本满足农村人口及民工的基础知识需求，包括幼儿教育、小学教育、普通中等教育，实现免学费。

6.随迁子女平等接受义务教育比例（%）。在义务教育阶段就读的随迁子女中，与当地户籍学生享受平等待遇学生所占的比例。计算公式：随迁子女平等接受义务教育比例（%）=随迁子女中与当地户籍学生享受平等待遇学生数/随迁子女在校生数 ×100%。

7.义务教育基本均衡县比例（%）。义务教育发展基本均衡县（市、区）占全部县（市、区）的比例。计算公式：义务教育基本均衡县比例（%）=义务教育发展基本均衡县数/县总数 ×100%。

8.城乡生均教育经费比（%）。衡量城乡教育投入差异的重要指标，按照当地的经济发展水平和教育发展实际，由政府制定的按照当地计划内在读学生数额，向城乡教育部门拨款的比例。计算公式：城乡生均教育经费比（%）=城镇生均教育经费/农村生均教育经费 ×100%。

9.预期受教育年限（年）指在假定未来接受各级教育入学率不变情况下，预期新入学儿童未来接受教育的年限。计算方法：预期受教育年限=6×小学毛入学率（%）+3×初中毛入学率（%）+3×高中毛入学率（%）+4×大学毛入学率（%），计算数据来源于国家统计局《中国统计摘要》。它是调整指标，是反映教育发展的国际通用的核心指标，与“十一五”规划原有的国民平均受教育年限相比，它是个即期指标，而不是存量指标，更能反映教育发展的动态情况；与新增劳动力平均受教育年限相比，它考虑了未就业人口的教育情况，更直接、全面地反映教育发展情况。

10.新增劳动力人均受教育年限（年）。劳动力年龄段人口人均接受学历教育（包括成人学历教育，不包括各种非学历培训）的年数。新增劳动力人均受教育年限（年）=新增劳动力中每个人的受教育年限之和/新增劳动力的总人数。

11.人才资源总量（万人）。根据《国家中长期人才发展规划纲要（2010—2020年）》，从需求状况来看，人才分为创新型人才和急需紧缺专门人才；从分类来看，分为党政人才、企业经营管理人才、专业技术人才、高技能人才、农村实用人才、社会工作人才等六种。人才资源总量即为各类人才之和。

12.学生学业成就水平。重点反映国家和地区的教育质量，抽样学生在阅读、科学、数学、信息技术素养测试中的平均分值。可参照国际学生评估项目（PISA）的方法。计算公式:（1）学生阅读素养=抽样学生阅读素养测试成绩总分/抽样学生总数;（2）学生数学素养=抽样学生数学素养测试成绩总分/抽样学生总数;（3）学生科学素养=抽样学生科学素养测试成绩总分/抽样学生总数;（4）学生信息技术素养=抽样学生信息技术素养测试成绩总分/抽样学生总数。

13.学生体质健康优良比例（%）。衡量学生身体素质，反映教育质量，测量参加国家学生体质健康测试达到优良等级的学生人数占参加测试学生总数的比例。计算公式:学生体质健康优良比例（%）=参加国家学生体质健康测试达到优良等级的人数/参加测试的总人数 ×100%。

14.继续教育参与率（%）。以从业人员继续教育参与水平反映继续教育发展水平。继续教育包含职业导向的非学历继续教育、学历继续教育、社会生活教育、扫盲教育等内容。计算公式:从业人员继续教育参与率（%）=参与各类继续教育的从业人数/从业人员总数 ×100%。

15.全球大学排名。目前，世界最具影响力的全球大学排名包括世界大学学术排名、泰晤士高等教育世界大学排名及QS世界大学排名。世界大学学术排名又称上海交大排名，是世界第一个多指标的大学排名，从2003年开始每年更新。QS世界大学排名一开始是和泰晤士高等教育组织合作，两者从2004年起每年都联合发表泰晤士高等教育-QS世界大学排名。后来两者解散，至2010年开始推出各自的排名。由于泰晤士高等教育世界大学排名一般只公布到前400名，为了便于国际比较，笔者主要采用QS世界大学排名。

16.毕业生初次就业率（%）。反映职业教育、高等教育与社会需求的吻合度，也体现教育产出、教育质量，体现教育对经济社会发展的贡献。计算公式：毕业生初次就业率（%）=已就业的毕业生数/毕业生总数×100%。

17.高校发明专利申请授权量（万件）。反映高校相关科研活动对国家科技进步、技术创新等方面的贡献。

18.高校发表国际科技论文（万篇）。反映高校对国家科研成果的国际化水平、国际影响力等方面的贡献。

19.人力资本对经济增长的贡献率（%）。根据发展经济学，人力资本在现代经济增长中扮演重要角色，可以根据经济增长核算，将经济增长的来源分解为物质资本、人力资本、劳动力和全要素生产率（TFP）四方面要素，并计算出人力资本对经济增长的贡献率。

20.全社会教育投入占GDP比重（%）。反映全社会教育总投入相对于经济发展水平的强度。计算公式：全社会教育投入占GDP比重（%）=本年度全社会教育总投入/本年度GDP×100%。

21.财政性教育经费占财政总支出比重（%）。反映政府对教育投入的保障能力。计算公式：财政性教育经费占财政总支出比重（%）=本年度财政性教育经费/本年度财政总支出×100%。

22.教育经费使用结构（%）。各级教育财政性教育经费占财政性教育总经费的比例，用于反映公共教育资源在各级教育使用分配中的结构合理性以及各级教育的财政保障情况，包括学前、小学、初中、普通高中、中职学校、高校。计算公式：某级教育财政性教育经费占财政性教育总经费的比例（%）=某级教育财政性教育经费/财政性教育总经费×100%。

23.各级教育生师比。每位专任教师平均对应的学生数，反映教师数量的充足程度，包括幼儿园、小学、初中、普通高中、中职学校、高校六级教育单位，每级教育按等权重计算。计算公式：生师比=在校生总数/专任教师总数。说明：超过规定的标准数值后，该指标为反映教师配置的逆向指标，生师比数值越大，越不利于提高教育教学质量。

24.百名学生教学用终端数。反映教育信息化实现程度、教育条件与保障水平。计算公式：百名学生教学用终端数=用于教学的学生用终端数 ×100/在校生总数。

25.外国来华留学生数。来华留学生数指普通高等学校接收的外国留学生人数，通常用于衡量教育国际化，体现教育开放程度以及教育的国际吸引力。计算公式：普通高校外国留学生总人数=非学历教育留学生数+学历教育留学生数。

26.来华高校外籍教师比例（%）。普通高校聘请的国（境）外高校及科研机构的教师以及接受外籍访问学者、外籍博士后研究人员，聘用外籍专家人次所占比例，反映高校的人才吸引力、科学研究水平和国际竞争力。计算公式：来华高校外籍教师比例（%）=普通高校聘请的国（境）外教师数/教师总数 ×100%。

附录二 名词解释

1.国际竞争力：一国在参与国际竞争中表现出来的能力。是制度、政策以及决定其生产力水平的各种要素的综合。通常由权威机构通过一套评价指标体系采用具体测度方法评定，并进行国家排名。

2.企业竞争力：企业在市场竞争中的优势和实力。企业竞争力可以表现为单项的竞争力和综合的竞争力。

3.现代化：不发达社会发展为发达社会的过程和目标。作为过程，其首要标志是用先进科学技术发展生产力，生产和消费水平不断提高，社会结构及政治意识形态也随之出现变化（其标志为政治民主、理性主义和科学精神、社会流动和现代化人格）。作为目标，它一般指以当代发达社会为参考系的先进科学技术水平、先进生产力水平及消费水平。现代化潮流起始于第二次世界大战后，各国现代化并无统一模式。中国的现代化是社会主义现代化，具有中国特色。

4.社会主义现代化：中国共产党领导中国人民在社会主义初级阶段建设社会主义强国的奋斗目标。旨在逐步缩小同世界先进水平的差距，在社会主义基础上实现中华民族的伟大复兴。其最初表述为“四个现代化”，即工业现代化、农业现代化、国防现代化和科学技术现代化的统称。1954 年 9 月，周恩来在全国人大一届一次会议作政府工作报告时首次提出，要建设起强大的现代化的工业、现代化的农业、现代化的交通运输业和现代化的国防。1995 年 9 月 28 日，江泽民在中共十四届五中全会的讲话中提出，要正确处理社会主义现代化建设中的若干重大关系。

5.学习型社会：20世纪60年代由美国学者赫钦斯（Hutchins）提出，是以终身教育体系的构筑为基本内容，以人的全面、和谐、持续发展为基本目标，进而使整个社会全面、协调、可持续发展的一种新的社会形态。70年代初，联合国教科文组织正式提出了创建“学习型社会”的目标。中国改革开放后也倡导建设学习型社会。

6.服务业：国民经济中在流通、生产生活、科学文化教育、社会公共需要等领域提供各种劳务的部门或行业，通常被视同为第三产业，即除第一产业和第二产业之外的其他所有产业部门的总和。与物质产品生产部门的主要区别在于：服务业不生产物质形态的实物产品，而是以某种非实体的、无形的劳务活动来满足生产者和消费者的需要；涵盖的产业部门范围广泛，行业之间差别较大。

7.产业结构升级：产业结构是指国民经济中各产业（包括非物质生产部门）的组成及其相互间的联系和比例关系。主要指第一、第二、第三产业之间的联系和比例关系。产业结构升级又称“产业升级”。是指产业结构由低级向高级提升。这一概念隐含着政府采取各种措施以促进和加速本国产业结构由低级向高级演变的主动性。

8.国家软实力：20世纪90年代初，由美国政治学家约瑟夫·奈（Joseph Nye）首次提出。它是冷战后分析国际格局变化的一项重要指标，与“硬实力”相对。指一个国家或地区的文化、价值观念、社会制度、发展模式在向外传播中所产生的影响力和感召力。具有非垄断性和扩散性的特征。其能量的大小取决于国际社会对某一文化的认同程度，一个国家的文化价值得到认同的程度越高，该国的软实力就越强盛。

9.知识经济：知识成为主要生产要素的经济。20世纪90年代后期出现的新概念，是继农业经济和工业经济之后发展起来的一种新型经济。在人类社会漫长的历史中，农业曾是主要的产业部门，劳动力和土地曾是主要的生产要素。18世纪以来的两三百年间，工业成为主要的产业部门，机器设备、原材料和能源成为主要的生产要素。20世纪最后二三十年间，电子计算机的迅猛发展和软件产业的兴起，是知识经济开始形成的标志。在知识经济时代，以知识为基础的高科技的创新、传播和应用，成为经济发展的主要动力，教育和科学成为经济发展的关键性部门，以网络、电子计算机、数码、光纤、多媒体为主要标志的信息产业成为经济中最有活力的产业。

10.国家竞争优势理论：亦称“钻石模型”。由美国的波特提出。该理论认为一个国家的竞争优势取决于一国经济环境中的四大因素：要素条件，需求因素，企业战略、组织和竞争状况，相关和辅助行业。这四大因素之间互相影响，构成行业的竞争环境，而机遇和政策亦会通过对上述四大因素的影响而发生作用。

11.相对优势理论：亦称“比较成本说”“比较利益说”。关于比较成本优势的国际贸易理论。英国的李嘉图1817年在《政治经济学及赋税原理》一书中提出。该理论从生产成本的相对差别出发，认为一个国家即使生产不出成本绝对低的产品，只要能生产出成本相对低的产品，就可以同另一国进行贸易，并使贸易双方都获益。因此，每个国家都可以生产具有相对优势的产品，取得比较利益。该理论说明了开展国际贸易的一般基础，成为自由贸易政策的基本出发点。

12.新制度经济学：用主流经济学的方法研究制度的起源、构成和演变的西方经济学说。创始人是英国的科斯（Coase），主要代表有诺思（North）、威廉姆森（Williamson）、阿尔奇安（Alchian）、德姆塞茨（Demsetz）、张五常等。其理论体系主要包括交易成本经济学（从合约角度来看待和研究经济组织，说明企业存在和发展的原因)、产权经济学和制度创新理论(从制度创新角度研究经济增长的制度原因及制度变迁的规律)。

13.国家创新体系：亦称“国家创新系统”。由与知识创新和技术创新相关的机构和组织构成的网络系统。1987年由英国经济学家弗里曼在《技术与经济运行》一书中最先提出。是由企业、科研机构、高等院校、政府部门、中介机构等为了共同的社会和经济目标，通过建设性的相互作用而构成的网络系统。中国的国家创新体系是以政府为主导、充分发挥市场配置资源的基础性作用，各类科技创新主体紧密联系和有效互动的社会系统。知识创新、技术创新、知识传播和知识应用是国家创新体系的四个子系统，其基本要素有创新活动的行为主体、行为主体的内部运行机制、行为主体之间的联系与合作、创新政策、市场环境和国际联系等。具有创新活动的执行和评估、创新资源的供给和配置、创新制度与创新政策建设、创新基础设施建设等功能。

14.创新理论学说：美籍奥地利经济学家熊彼特经济发展理论的核心。是熊彼特在其著作《经济发展理论》中提出，并用以解释资本主义经济发展的动因和历程的一种理论。他所谓的创新，就是建立一种新的生产函数，企业家的职能即实现创新。资本主义经济发展表现为通过企业家的创新活动以实现产业突变，通过不断创新来推动“创造性的毁灭过程”，导致资本主义经济周期性波动式向前发展。

15.人力资本：一种无形资本。即劳动者通过教育和培训获得的能够创造价值的技能和知识。也指为提高人力资源的生产率所作的投资，是期待未来有所收益而付出的代价，故又可称为“对人力资源的投资”。

16.人力资源：能够推动组织发展，为社会提供劳动和服务的具有脑力劳动能力和体力劳动能力的人的总和。包括数量和质量两个方面。此概念由美国的康蒙斯（John Rogers Commons）于20世纪20年代提出。人力资源是人类社会生产和财富创造最为宝贵的资源。从宏观角度看，其数量是一国（或地区）中具有劳动能力、从事或准备从事社会劳动的人口总数，其质量是劳动者所具有的体质、智力、知识、技能水平以及劳动态度。企业中，人力资源数量一般由被雇用的员工和欲从劳动力市场招聘的潜在员工两部分构成，其质量在构成上与宏观层面一致。

17.人才资源：指面临知识经济时代的到来，人才特别是创新人才越来越成为生产力发展的核心。迄今为止的人类文明，经历了以土地和人力为基础的农业经济形态，以及以机器和资本为基础的工业经济形态。目前，人类文明正在迈向以知识和信息为基础的知识经济形态。不同经济形态的生产力对资源的需求和依赖程度是不同的，当下更多依赖于人才资源。

18.总人力资本：指15—64岁人口数与平均受教育年限的乘积。

19.人口红利：由于人口出生率持续下降而出现的，一段时期内抚养系数相对较低，有利于经济发展的时机。国际上通常把15—64岁劳动适龄人口抚养0—14岁少年儿童人口和赡养65岁及以上老年人口的比例低于50%的时期称为“人口红利期”。要把获取人口红利的机遇转变为促进经济发展的现实，关键在于创造更多就业岗位，使劳动适龄人口充分就业；加大人力资本投入，努力提高劳动者的科学文化素质和健康水平。

20.教育红利：对人的教育投入所形成的私人收益率和社会收益率。

21.创新型国家：把科技创新作为国家基本战略，具有强大的竞争优势的国家。是否拥有高效的国家创新体系是区分创新型国家与非创新型国家的主要标志。创新型国家应具备以下四个特征：（1）创新投入高，国家的研发支出占GDP的比例一般在2%以上；（2）科技进步贡献率达70%以上;(3)自主创新能力强，国家的对外技术依存度指标通常在30%以下;(4)创新产出高。人们往往用相关创新投入和产出的指标从一个侧面来衡量国家的创新程度，一般来说，创新型国家的创新综合指数明显高于其他国家。我国提出，要把科技进步和创新作为经济社会发展的首要推动力量，把提高自主创新能力作为调整经济结构、转变增长方式、提高国家竞争力的中心环节，把建设创新型国家作为面向未来的重大战略。2006年1月9日，胡锦涛在全国科学技术大会上的讲话中指出建设创新型国家，核心是把增强自主创新能力作为发展科学技术的战略基点，走出中国特色自主创新道路，推动科学技术跨越式发展;作为调整产业结构、转变增长方式的中心环节，建设资源节约型、环境友好型社会，推动国民经济又快又好发展;作为国家战略，贯穿到现代化建设的各个方面，激发全民族创新精神，培养高水平创新人才，形成有利于自主创新的体制机制，大力推进理论创新、制度创新、科技创新，不断巩固和发展中国特色社会主义伟大事业。

22.人类发展指数：是由联合国开发计划署(UNDP)在《1990年度人文发展报告》中提出的，用以衡量联合国各成员国经济社会发展水平的指标，在一定程度上反映一国(或地区)人口的生活质量状况的指标。由人口出生时平均预期寿命、成人教育程度、按购买力平价计算的人均GDP三个指标，通过指数计算综合而成。计算公式为：

$$\text{人类发展指数}=1-\frac{\text{出生时平均预期寿命指数}+\text{成人教育程度指数}+\text{按购买力平价计算的人均国内生产总值指数}}{3}$$

23.国际学生评估项目(PISA)：亦称“PISA测试”，是经济合作与发展组织举办的一个大型国际性教育成果比较、监控项目。以纸笔测验的形式测量处于义务教育阶段末期15岁学生的阅读能力、数学能力和科学能力，评估学生是否具备未来生活所需的知识和技能。2000年起，每三年进行一次，中国部分地区2009年起开始参加该项目测试。

24.全社会研发经费强度：研发经费与GDP之比。

25.教育经费：国家或教育机构用于各级各类教育的资金。比教育支出、教育投入的范围要窄。可分为：经常性教育经费与专项性教育经费，教育基本建设费与教育事业费，预算内教育经费与预算外教育经费等。

26.国家财政性教育经费：国家财政直接和间接投入教育的经费总和。我国财政性教育经费目前主要包括以下四项：各级政府预算内的教育经费，各级政府征收的用于教育的税费，企业办学中的企业拨款，校办产业和社会服务收入用于教育的经费。

27.劳动年龄人口：社会总人口中处于劳动年龄范围内的人口。在人的寿命期中，儿童阶段由于身体发育尚不成熟，不具有劳动能力；在老年阶段，由于身体逐渐衰老，丧失了劳动能力。因此，人只有在一定年龄阶段才具有劳动能力，从事各种社会劳动，成为劳动年龄人口。国际上一般把15—64岁列为劳动年龄人口，我国规定16—60周岁的男性，16—50周岁的女性，这部分人口被视为劳动年龄人口。

28.继续教育：对完成学业或中途辍学的青年与成人所进行的专业技能训练和一般文化知识教育。对专业技术人员进行的补充、提高、更新知识和技能的教育，也指对全民进行传授知识和提高能力的终身教育。

29.《国家中长期教育改革和发展规划纲要（2010—2020年）》：2010年7月29日公布。是中国进入21世纪之后的第一个教育规划，是指导2010—2020年全国教育改革和发展的纲领性文件。主要内容包括：推进素质教育改革试点、义务教育均衡发展改革试点、职业教育办学模式改革试点、终身教育体制机制建设试点、拔尖创新人才培养改革试点、考试招生制度改革试点、现代大学制度改革试点、深化办学体制改革试点、地方教育投入保障机制改革试点以及省级政府教育统筹综合改革试点等十个方面。

30.《中国教育现代化 2035》：中共中央、国务院于 2019 年 2 月印发，分为战略背景、总体思路、战略任务、实施路径、保障措施五个部分，是中国第一个以教育现代化为主题的中长期战略规划，是新时代推进教育现代化、建设教育强国的纲领性文件。

31.科教兴国战略：我国大力发展科技、教育，并使之与经济、社会紧密结合的发展战略，在 1995 年 5 月《中共中央国务院关于加速科学技术进步的决定》中首次提出。科教兴国战略指出，全面落实科学技术是第一生产力，坚持教育为本，把科技和教育摆在经济、社会发展的重要位置，增强国家的科技实力及向现实生产力转化的能力，提高全民族的科技文化素质，把经济建设转移到依靠科技进步和提高劳动者素质的轨道上来，加速实现国家的繁荣强盛。中共十五大到十八大一再强调实施科教兴国战略，在理论和实践上不断深化和发展。中共十九大再次强调要实施这一战略，使之与我国其他宏观战略同步发展。江泽民在 1995 年 5 月 26 日全国科学技术大会上的讲话分析了科学技术在经济社会发展中的巨大推动作用，提出了实施科教兴国战略的重要思想，阐述了加速科技进步需要把握的几个问题。强调创新是一个民族进步的灵魂，是一个国家兴旺发达的不竭动力；实施科教兴国战略，关键在人才；科学技术人员是新的生产力的重要开拓者和科技知识的重要传播者，是社会主义现代化建设的骨干力量。

32.人才强国战略：我国大力发展人才建设，并使之与经济、社会紧密结合的发展战略。2003 年 12 月《中共中央国务院关于进一步加强人才工作的决定》中首次提出实施人才强国战略是党和国家的一项重大而紧迫的任务。要求在建设中国特色社会主义伟大事业中，把人才作为推进事业发展的关键因素，努力造就数以亿计的高素质劳动者、数以千万计的专门人才和一大批拔尖创新人才，建设规模宏大、结构合理、素质较高的人才队伍，开创人才辈出、人尽其才的新局面，把我国由人口大国转化为人才强国。中共十七大将人才强国战略作为发展中国特色社会主义的三大基本战略之一。中共十八大使这一战略的实施进入全面推进的阶段。中共十九大进一步将这一战略与全面建成小康社会决胜期联系起来，强调“人才是实现民族振兴、赢得国际竞争主动的战略资源。要坚持党管人才原则，聚天下英才而用之，加快建设人才强国”。

33.创新驱动发展战略：我国把科技创新作为提高社会生产力和综合国力的战略支撑，并将其摆在国家发展全局的核心位置。创新驱动指创新成为引领发展的第一动力，科技创新与制度创新、管理创新、商业模式创新、业态创新和文化创新相结合，推动发展方式向依靠持续的知识积累、技术进步和劳动力素质提升转变，促进经济向形态更高级、分工更精细、结构更合理的阶段演进。创新驱动发展战略即以科技创新为核心带动全面创新，以体制机制改革激发创新活力，以高效率的创新体系支撑高水平的创新型国家建设，推动经济社会发展动力根本转换，为实现中华民族伟大复兴的中国梦提供强大动力。中共十七大提出，提高自主创新能力，建设创新型国家，是国家发展战略的核心，是提高综合国力的关键。中共十八大提出要坚持走中国特色自主创新道路、实施创新驱动发展战略。中共十九大报告指出，要瞄准世界科技前沿，强化基础研究，实现前瞻性基础研究、引领性原创成果重大突破。加强应用基础研究，拓展实施国家重大科技项目，突出关键共性技术、前沿引领技术、现代工程技术、颠覆性技术创新，为建设科技强国、质量强国、航天强国、网络强国、交通强国、数字中国、智慧社会提供有力支撑。加强国家创新体系建设，强化战略科技力量。深化科技体制改革，建立以企业为主体，市场为导向，产学研深度融合的技术创新体系，加强对中小企业创新的支持，促进科技成果转化。倡导创新文化，强化知识产权创造、保护、运用。培养造就一大批具有国际水平的战略科技人才、科技领军人才、青年科技人才和高水平创新团队。2016 年 5 月中共中央、国务院发布《国家创新驱动发展战略纲要》，共分战略背景、战略要求、战略部署、战略任务、战略保障、组织实施六大部分，提出了到 2020 年进入创新型国家、2030 年跻身创新型国家前列、到 2050 年建成世界科技创新强国“三步走”目标。它是对创新驱动发展战略进行的顶层设计和系统谋划，明确了未来 30 年创新驱动发展的目标、方向和重点任务，是新时期推进创新工作的纲领性文件，是建设创新型国家的行动指南。

34.“两个一百年”奋斗目标：中国共产党提出的在中国共产党成立一百年和中华人民共和国成立一百年时我国经济和社会发展的战略目标，于 1997 年中共十五大报告首次提出。2002 年，被写入中共十六大党章，即到建党一百年时，建成惠及十几亿人口的更高水平的小康社会；到建国一百年时，人均 GDP 达到中等发达国家水平，基本实现现代化。2012 年，中共十八大报告提出，在中国共产党成立一百年时全面建成小康社会，在中华人民共和国成立一百年时建成富强民主文明和谐的社会主义现代化国家。2017 年，站在历史新的更高起点上，以习近平同志为核心的中共中央对新时代推进社会主义现代化建设做出新的顶层设计，提出到中国共产党成立一百年时全面建成小康社会，然后“分两步走”，再奋斗 15 年，在 2035 年基本实现社会主义现代化。从 2035 年到 21 世纪中叶，在基本实现现代化的基础上，再奋斗 15 年，到中华人民共和国成立一百年时全面建成富强民主文明和谐美丽的社会主义现代化强国。

35.恩格尔系数：西方经济学关于家庭食品支出与家庭消费支出

总额的比例关系的定律。因19世纪德国经济学家和统计学家恩格尔(Engel)最先提出而得名。要点是：随着居民收入的增加，耗费在食品上的支出比例就会减少。食品支出与家庭消费支出总额之比称为“恩格尔系数”，其数值越小，说明生活越富裕；数值越大，则说明生活水平越低。联合国根据恩格尔系数对世界各国生活水平的划分标准是：大于60%为贫穷；50%—60%为温饱；40%—50%为小康；30%—40%为相对富裕；20%—30%为富足；20%以下为极其富裕。

36.劳动生产率：劳动的生产效率。用单位时间内生产某种产品的数量来表示，亦可用生产单位产品的劳动时间来表示。劳动生产率与单位时间内所生产的产品量成正比，而与单位产品所包含的劳动量成反比。单位时间内所生产的产品越多，单位产品所包含的劳动量越少，则劳动生产率越高；反之，则越低。决定劳动生产率水平的主要因素有：科学和技术的发展水平和它在工艺上应用的程度、生产资料的规模和效能以及自然条件、劳动者劳动的熟练程度、生产组织和劳动组织的形式等，其中科学技术的发展水平最为重要。提高劳动生产率是资本家榨取相对剩余价值的基本手段，在社会主义条件下对提高人民的物质文化生活水平有重大意义。在社会主义经济中，常用人均产值来表现企业劳动生产率和社会劳动生产率。有时也把劳动生产率称为“劳动生产力”。

37.中等收入陷阱：一些国家在人均收入达到世界中等水平以后发生的经济发展状态，由于不能顺利实现经济发展战略和方式的转变，导致经济增长力不足，最终出现经济长期停滞。

38.外部性：亦称“外部效应”“外差效应”。经济学中指一个经济主体的行为对另一个或另一些经济主体或社会产生有害或有利的效应。这种效应一般不会通过货币或市场交易反映出来。例如，企业生产污染周围环境，造成损害，周围居民却未能得到补偿。外部性又分正外部性

（即外部经济）和负外部性（即外部不经济）。

39. 全要素生产率（TFP）：产量与全部生产要素投入量之比。即所有投入要素综合产生的生产率。全部生产要素包括生产中使用的资本、劳动和土地。全要素生产率的来源包括技术进步、组织创新、专业化和生产创新等。

40. 人口老龄化：亦称“人口老化”。总人口中年轻人口数逐渐减少、年长人口数逐渐增加而导致的老年人口比例上升的态势。衡量人口老龄化程度的指标有多种，通常用老年人口系数或人口中位年龄（即一半比它年老一半比它年轻的年龄）来衡量。在封闭人口中，人口老龄化是人口出生率下降和人口平均寿命延长所造成的人口现象。在开放人口中，人口老龄化还受人口迁移的影响。

41. 城市化：亦称“都市化”。人口、用地和经济、文化模式由农村型转向城市型的过程和趋势。主要表现为城市数目的增加、城市规模的扩大以及城市经济方式、生活方式的某些特征向农村扩展。城市人口数量在人口总数量中的比例，是衡量城市化程度的基本指标。社会经济的发展，特别是现代大工业的出现引起社会结构急剧的转型，使得城市化已成为现代社会的一个普遍现象。

42. 服务贸易：一国的法人或自然人在其境内或进入他国境内向外国的法人或自然人提供服务的贸易行为。主要形式包括：国际运输，国际旅游，跨国银行、国际融资及其他金融服务，国际咨询服务，建筑和工程承包等劳务输出，国际电信服务，广告、设计、会计、律师等专业服务，国际租赁，维修和保养，技术指导和售后服务，国际视听服务，教育、卫生、文化、艺术的国际交流服务，商业批发与零售服务等。

43. 一流大学和一流学科：2015 年 11 月 5 日《统筹推进世界一流大学和一流学科建设总体方案》公布。要求按照中共中央、国务院决策部署，坚持以中国特色、世界一流为核心，以立德树人为根本，以支撑创新驱动发展战略、服务经济社会发展为导向，坚持“以一流为目标、以学科为基础、以绩效为杠杆、以改革为动力”的基本原则，加快建成一批世界一流大学和一流学科。总体目标是：到2020年，中国若干所大学和一批学科进入世界一流行列，若干学科进入世界一流学科前列；到2030年，我国更多的大学和学科进入世界一流行列，若干所大学进入世界一流大学前列，一批学科进入世界一流学科前列，高等教育整体实力显著提升；到21世纪中叶，我国一流大学和一流学科的数量和实力进入世界前列，基本建成高等教育强国。

44.留学中国计划：为贯彻落实《国家中长期教育改革和发展规划纲要(2010—2020年)》，推动来华留学工作进一步发展，2010年9月由中华人民共和国教育部印发。

45.科学引文索引(SCI)：科技文献的大型检索工具和数据库。由美国费城的科学情报研究所创办。创始人是该所所长尤金·加菲尔德(Eugene Garfield)。

46.“互联网+教育”：“互联网+”是指以互联网为基础设施和实现工具的经济发展新形态。充分发挥互联网在生产要素配置中的优化和集成作用，重点促进云计算、物联网和大数据等信息技术与现代制造业、生产性服务业等的融合创新，为产业智能化提供支撑，提升实体经济的创新力和生产力。“互联网+教育”是随着当今科学技术的不断发展，互联网科技与教育领域相结合的一种新的教育形式。

47.世界经济论坛(World Economic Forum，WEF)：致力于推动公私合作的非官方国际组织。前身是瑞士学者克劳斯·施瓦布(Klaus Schwab)于1971年创建的“欧洲管理论坛”，1987年改现名。因每年年会都在瑞士小镇达沃斯召开，故亦称“达沃斯论坛”。宗旨是研究和探讨世界经济领域存在的问题、促进国际经济合作与交流。由机构会员、论坛会员、技术先锋等组成。领导机构为基金董事会，执行机构为管理委员会。总部设在日内瓦。自 1979 年起，中国应邀派代表团参加。

48.瑞士洛桑国际管理学院(International Institute for Management Development，IMD)：成立于 1990 年，是一所世界著名的企业经营管理培训学院，其前身是国际管理学院(IMI)和国际经济管理与发展学院(IMEDE)。从 1990 年开始，IMD 每年对全世界主要国家和地区的竞争力以及该国家和地区内的企业竞争力进行分析和排名。IMD 分析样本包括 61 个国家和地区。IMD 评测的指标主要分为经济绩效、政府效率、企业效率、基础设施四大类，其中又细分出 323 个指标。

49.新技术革命：继三次技术革命之后出现的第四次技术革命。发生在最近几十年，以微电子、生物工程和新材料等一系列新兴技术，特别是信息技术的应用和普及为标志。

参考文献

一、中文文献

[1] 安格斯·麦迪森. 中国经济的长期表现：公元960—2030年（中文版）[M]. 北京：北京大学出版社，2008.

[2] 保罗·朗格让. 终身教育导论[M]. 北京：华夏出版社，1988.

[3] 陈超. 维持世界卓越："美国竞争力计划"与"综合国家战略"[J]. 清华大学教育研究，2008.

[4] 陈金芳，万作芳. 教育治理体系与治理能力现代化的几点思考[J]. 教育研究，2016.

[5] 陈琳，陈耀华，李康康，赵苗苗. 走向实现的教育现代化定义研究[J]. 中国教育学刊，2015.

[6] 陈琳，陈耀华，毛文秀，张高飞，文燕银. 教育信息化何以引领教育现代化？——中国教育信息化25年回眸与展望[J]. 远程教育杂志，2020.

[7] 陈琳，陈耀华. 以信息化带动教育现代化路径探析[J]. 教育研究，2013.

[8] 陈琳，杨英，华璐璐."十三五"开局之年以信息化推动教育现代化新发展——2016年中国教育信息化十大热点新闻解读[J]. 中国电化教育，2017.

[9] 陈鹏，田阳，刘文龙. 北极星计划：以STEM教育为核心的全球创新人才培养——《制定成功路线：美国STEM教育战略》（2019—2023）解

析[J].远程教育杂志，2019.

[10] 褚宏启.核心素养的国际视野与中国立场——21世纪中国的国民素质提升与教育目标转型[J].教育研究，2016.

[11] 褚宏启.教育现代化2.0的中国版本[J].教育研究，2018.

[12] 褚宏启.教育现代化的本质与评价——我们需要什么样的教育现代化[J].教育研究，2013.

[13] 褚宏启.教育现代化进程中的教育传统与教育现代性[J].北京师范大学学报（人文社会科学版），2000.

[14] 褚宏启.为中国教育涂上现代精神的底色——顾明远关于现代教育与教育现代化的思想[J].教育学报，2018.

[15] 褚宏启.我们需要什么样的教育现代化与教育强国[J].人民教育，2018.

[16] 邓小平.邓小平文选（第三卷）[M].北京：人民出版社，1993.

[17] 第一战略专题调研组，吴启迪，胡瑞文.教育发展总体战略研究[J].教育研究，2010.

[18] 丁笑炯，张民选.协力发展科教 确保创新领先——2007年《美国竞争法》述评[J].教育发展研究，2008.

[19] 杜岩岩，朱小蔓.俄罗斯师范教育政策调整的动因、策略与措施——基于《教育的创新发展——提高俄罗斯竞争力的基础》报告解读[J].教育研究，2009.

[20] 杜育红.人力资本理论：演变过程与未来发展[J].北京大学教育评论，2020.

[21] 杜云英.荷兰应用技术大学：国家竞争力的助推器[J].大学（学术版），2013.

[22] 杜占元.面向2030的教育改革与发展[J].教育研究，2016.

[23] 凡勇昆，邬志辉. 农村教育现代化的解释逻辑和价值定位[J]. 教育科学研究，2015.

[24] 范柏乃，闫伟. 我国教育投入对经济增长贡献率的时空差异研究——基于 1996—2011 年的省际面板数据[J]. 国家教育行政学院学报，2013(12): 75–81.

[25] 范国睿，陈婧. 以蓝图引领发展——2019 年我国教育政策评析[J]. 现代教育管理，2020.

[26] 范国睿. 教育制度变革的价值追求与战略选择——纪念教育改革开放四十年[J]. 全球教育展望，2018.

[27] 范涌峰，宋乃庆. 大数据时代的教育测评模型及其范式构建[J]. 中国社会科学，2019.

[28] 方钢山. 论国家竞争优势与教育政策选择[J]. 中国成人教育，2005.

[29] 冯刚，金国峰. 论中国教育现代化的方向目标[J]. 中国高等教育，2019.

[30] 冯建军. 超越"现代性"的中国教育现代化：人的现代化视角[J]. 南京社会科学，2019.

[31] 高丙成. 我国教育现代化评价指标体系的构建与应用[J]. 教育科学研究，2019.

[32] 高耀，张琳，顾剑秀. 中国省域研究生教育竞争力与经济竞争力协调度双层次因素分析与综合评估——兼论促进区域研究生教育布局优化的可能路径[J]. 复旦教育论坛，2013.

[33] 耿涓涓. 提升区域竞争力：高等教育的地位和作用[J]. 高教探索，2003.

[34] 谷峪，李玉静. 现代化视域下高中阶段教育普及发展：国际特征与我国策略——基于现代化框架下我国与发达国家的多维度比较[J]. 现代

教育管理，2017.

[35] 顾娟，彭正梅. 用教育 4.0 推进工业 4.0:德国教育 2030 战略考察[J].外国教育研究，2019.

[36] 顾明远，马忠虎. 教育现代化:中国教育改革和发展的路径与愿景——顾明远教授专访[J].苏州大学学报(教育科学版)，2014.

[37] 顾明远，滕珺.《中国教育现代化 2035》与全球可持续发展教育目标实现[J].比较教育研究，2019.

[38] 顾明远，薛理银. 比较教育导论：教育与国家发展[M]. 北京：人民教育出版社，1996.

[39] 顾明远. 加强教育科学研究 推动教育现代化[J].教育研究，2019.

[40] 顾明远. 实现教育现代化的宏伟蓝图——学习贯彻《国家中长期教育改革和发展规划纲要(2010—2020 年)》[J].北京师范大学学报(社会科学版)，2010.

[41] 顾明远. 试论教育现代化的基本特征[J].教育研究，2012.

[42] 韩清林，秦俊巧. 中国城乡教育一体化现代化研究[J].教育研究，2012.

[43] 郝文武. 农村教育现代化与教育精准扶贫的精准对接[J].教育与经济，2020.

[44] 何传启. 世界教育现代化的历史事实和理论假设[J].教育学术月刊，2013.

[45] 何伟强. 英国微观经济战略框架下的教育发展战略布局[J].比较教育研究，2012.

[46] 侯经川. 基于博弈论的国家竞争力评价体系研究[M].北京：北京图书馆出版社，2005.

[47] 侯利明.教育系统的分流模式与教育不平等——基于 PISA 2015 数据的国际比较[J].社会学研究，2020.

[48] 胡鞍钢, 王洪川. 中国教育现代化: 全面释放巨大红利[J]. 清华大学教育研究, 2016.

[49] 胡鞍钢, 王洪川. 中国人类发展奇迹(1950—2030)[J]. 清华大学学报(哲学社会科学版), 2017.

[50] 胡鞍钢, 熊义志. 大国兴衰与人力资本变迁[J]. 教育研究, 2003.

[51] 胡鞍钢. 全球化挑战中国[M]. 北京: 北京大学出版社, 2002.

[52] 胡鞍钢. 中国道路与中国梦想[M]. 杭州: 浙江人民出版社, 2013.

[53] 胡列曲, 丁文丽. 国家竞争力理论及评价体系综述[J]. 云南财贸学院学报, 2001.

[54] 胡列曲. 国家竞争力与90年代以来美国提高国家竞争力的主要经验[J]. 世界经济与政治论坛, 2000.

[55] 胡瑞文, 杜晓利. 人才是增强国家竞争力的根本[J]. 前线, 2005.

[56] 胡咏梅, 薛海平. 我国教育竞争力的区域划分——与吴玉鸣博士等商榷[J]. 教育与经济, 2003.

[57] 纪德奎等. 乡村振兴与教育发展(笔谈)[J]. 教育研究, 2018.

[58] 江家立. 职业教育与国家竞争力提升[J]. 科技信息(学术研究), 2006.

[59] 教育部. 中国留学回国就业蓝皮书2015[R]. 2016-02-25.

[60] 教育部课题组. 深入学习习近平关于教育的重要论述[M]. 北京: 人民出版社, 2019.

[61] 康凯, 高晓杰. 提升高等教育竞争力是我国高教强国建设的核心[J]. 国家教育行政学院学报, 2019.

[62] 康珂, 倪鹏飞. 经典文献中的国家竞争力理论: 一个文献综述[J]. 江淮论坛, 2014.

[63] 柯武刚, 史漫飞. 制度经济学[M]. 北京: 商务印书馆, 2000.

[64] 李刚，吕立杰. 构建公平而有质量的STEM教育生态——《制定成功路线:美国的STEM教育战略》解读及启示[J]. 中国电化教育，2019.

[65] 李国强. 保罗·朗格朗与终身教育理论——兼论西方终身教育理论对我国教育现代化的启示[J]. 教育研究，2017.

[66] 李建民."全面普及高中阶段教育"的内涵释要与路径选择[J]. 教育研究，2019.

[67] 李健，于泽元，谢婳婳，赵秋红，辛涛，宋乃庆. 基础教育质量监测本土化与现代化——第四届中国基础教育质量监测与评价学术年会述评[J]. 中国考试，2019.

[68] 李盛聪，余婧，饶雨. 国际成人能力评估项目的述评——基于OECD首次成人技能调查结果的分析[J]. 现代远程教育研究，2014.

[69] 李效东，陈占安. 论先进生产力与国家竞争力[J]. 生产力研究，2008.

[70] 李亚杰. 中国教育国际竞争力分析[J]. 北京邮电大学学报（社会科学版），2008.

[71] 联合国开发计划署. 2010年人类发展报告[R]. 2010.

[72] 联合国开发计划署. 2014年人类发展报告[R]. 2014.

[73] 廖晓玲，陈十一.《研究生教育:美国竞争力与创新力的支柱》解读[J]. 学位与研究生教育，2013.

[74] 林建华. 面向未来的中国高等教育[J]. 教育研究，2019.

[75] 刘昌亚. 加快推进教育现代化 开启建设教育强国新征程——《中国教育现代化2035》解读[J]. 教育研究，2019.

[76] 刘建丰. 致力于更具国际竞争力——美国高等教育改革发展的动向与启示[J]. 教育研究，2014.

[77] 刘颖，李晓敏. OECD国家学前教育质量监测系统分析及其对我国的启示[J]. 学前教育研究，2016.

[78] 龙宝新. 论中国基础教育改革的格局意识——从“任正非之问”说起[J]. 中国教育学刊, 2020.

[79] 龙宝新. 新中国成立 70 年来我国教育战略演进轨迹研究[J]. 内蒙古社会科学(汉文版), 2019.

[80] 龙玫, 赵中建. 美国国家竞争力: STEM 教育的贡献[J]. 现代大学教育, 2015.

[81] 楼世洲, 薛孟开. 人力资源强国目标下教育发展的三次战略转型[J]. 教育发展研究, 2015.

[82] 卢晓中, 王胜兰. 我国教育信息化发展的历史审思与未来路向——从教育信息化与教育现代化关系的角度[J]. 江苏高教, 2019.

[83] 卢晓中. 教育现代化视域下人的现代化与大学素质教育[J]. 中国高教研究, 2017.

[84] 马克思. 资本论(第 1 卷)[M]. 北京: 人民出版社, 1975.

[85] 马陆亭, 安雪慧, 梁彦, 熊建辉, 张伟. “十四五” 教育规划制定: 依据点、参考点与关键点[J]. 现代教育管理, 2020.

[86] 马晓强, 崔吉芳, 刘大伟, 何春, 赵子莹, 马筱琼, 李锋亮, 赵琦, 王颖喆, 陈佳鹏, 康世联, 祝新宇, 田凤, 魏轶娜, 张臻, 金龙. 中国教育现代化发展的总体趋势和挑战[J]. 教育研究, 2017.

[87] 毛洪涛, 马丹. 高等教育发展与经济增长关系的计量分析[J]. 财经科学, 2004 .

[88] 毛泽东. 毛泽东选集(第 4 卷)[M]. 北京: 人民出版社, 1960.

[89] 敏锐把握世界科技创新发展趋势 切实把创新驱动发展战略实施好[N]. 人民日报, 2013-10-02.

[90] 倪瑞, 胡忠辉, 燕京晶. 基于 ESI 的国内外部分高校理学学科发展比较研究[J]. 学位与研究生教育, 2011.

[91] 宁越敏，唐礼智．城市竞争力的概念和指标体系[J].现代城市研究，2001.

[92] 潘涌．论创造教育及其在国家现代化进程中的战略意义[J].天津师大学报（社会科学版），2000.

[93] 裴娣娜．我国基础教育现代化发展的根本转化[J].北京大学教育评论，2004.

[94] 彭正梅，郑太年，邓志伟．培养具有全球竞争力的中国人：基础教育人才培养模式的国际比较[J].全球教育展望，2016.

[95] 钱晓红，朱凌，陈劲．高等研究院创建模式比较与任务探究[J].清华大学教育研究，2007.

[96] 清华大学党史研究室，清华大学档案馆．清华大学党代会史话[Z]. 2017-06.

[97] 清华大学苏世民学者项目启动仪式在京举行[N].人民日报，2013-04-22.

[98] 全国人大财政经济委员会，国家发展改革委员会.《中华人民共和国国民经济和社会发展第十三个五年规划纲要》解释材料[M].北京：中国计划出版社，2016.

[99] 任友群，冯仰存，郑旭东．融合创新，智能引领，迎接教育信息化新时代[J].中国电化教育，2018.

[100] 任友群，万昆，赵健．推进教育信息化 2.0 需要处理好十个关系[J].现代远程教育研究，2018.

[101] 任友群．“双一流”战略下高等教育国际化的未来发展[J].中国高等教育，2016.

[102] 深入学习贯彻习近平同志关于教育工作的重要论述[N]. 人民日报，2014-09-10.

[103] 石中英. 重新思考毛泽东的教育思想遗产[J].北京大学教育评论, 2016.

[104] 史秋衡. 教育率先现代化:实现国家现代化的必然选择——纪念邓小平“三个面向”题词 30 周年[J].教育研究, 2013.

[105] 宿庆, 张文兰, 夏小刚, 李莉. 服务于人才培养的STEM教育——《制定成功路线: 美国STEM教育战略》的解读与启示[J].现代教育技术, 2020.

[106] 孙刚成, 左晶晶. 中国教育现代化理论与实践研究的偏离与校正——以 1998—2019 年的CSSCI文献数据为例[J].教育与教学研究, 2020.

[107] 孙敬水. 中国教育竞争力的国际比较[J].教育与经济, 2001.

[108] 孙乐强. 后金融危机时代的工业革命与国家发展战略的转型—— “第四次工业革命”对中国的挑战与机遇[J].天津社会科学, 2017.

[109] “十二五”以来, 职业院校共培养近 5000 万毕业生[N].人民日报, 2015-03-14.

[110] “世界一流学科排名”发布: 中国大陆 7 科状元[N].解放日报, 2017-06-28.

[111] 谈松华, 袁本涛. 教育现代化衡量指标问题的探讨[J].清华大学教育研究, 2001.

[112] 汤姆森·路透集团. 世界研究报告[R]. 2009-12.

[113] 滕珺, 马健生, 石佩, 安娜. 全球视野下中国“国际教育”现代性本质及其实现[J].比较教育研究, 2019.

[114] 滕珺. 关于中国教育现代化的理论探索——顾明远的教育现代化思想探析[J].教育研究, 2008.

[115] 田慧生. 推动STEM教育已成为世界性教育发展趋势[J].现代教育, 2017(7): 1.

[116] 田慧生. 协同创新 提高质量 为加快推进教育现代化提供智力支

持[J].教育研究,2017.

[117] 田正平,李江源.教育制度变迁与中国教育现代化进程[J].华东师范大学学报(教育科学版),2002.

[118] 童世骏,徐辉,陈锋,瞿振元,丁晓东,高书国,程介明,李军,祝智庭,于志晶,高向东,袁振国.聚焦2035中国教育现代化(笔谈)[J].中国高教研究,2018.

[119] 汪应洛,马亚男,李泊溪.几个竞争力概念的内涵及相互关系综述[J].预测,2003.

[120] 王洪川.学习不能只看"亩产效应"[N].人民日报,2017-02-14.

[121] 王建.继续教育发展的战略转型与推进策略[J].教育研究,2013.

[122] 王建.教育缓解相对贫困的战略与政策思考[J].教育研究,2020.

[123] 王健,李佳.人力资本推动产业结构升级:我国二次人口红利获取之解[J].天津财经大学学报,2013.

[124] 王丽娜,陈琳.探讨新时代教育信息化创新之路——第16届教育技术国际论坛综述[J].电化教育研究,2018.

[125] 王素,方勇,苏红,李协京.中国教育竞争力:评价模型构建与国际比较[J].教育发展研究,2010.

[126] 王素,方勇,孙毓泽.高等教育竞争力:模型、指标与国际比较[J].教育研究,2012.

[127] 王燕晓.毛泽东的全面教育思想研究[M].北京:北京师范大学出版社,2011.

[128] 王志强,赵中建.英国教育系统变革的背景、现状与趋势——兼论教育在英国国家创新系统中的作用[J].全球教育展望,2010.

[129] 魏浩,赖德胜.文化因素影响国际留学生跨国流动的实证研究——兼论中国扩大来华留学生教育规模的战略[J].教育研究,2017.

[130] 邬志辉.学校教育现代化指标研究[M].长春:东北师范大学出

版社，2008.

[131] 吴玉鸣，李建霞．我国区域教育竞争力的实证研究[J]．教育与经济，2002.

[132] 习近平．决胜全面建成小康社会 夺取新时代中国特色社会主义伟大胜利——在中国共产党第十九次全国代表大会上的报告[N]．人民日报，2017-10-18.

[133] 习近平．习近平谈治国理政（第二卷）[M].北京：外文出版社，2017.

[134] 习近平．习近平谈治国理政[M].北京：外文出版社，2014.

[135] 习近平．习近平致国际教育信息化大会的贺信[N]．人民日报，2015-05-24.

[136] 习近平．在北京大学师生座谈会上的讲话[N]．人民日报，2018-05-03.

[137] 习近平．在中国科学院第十七次院士大会、中国工程院第十二次院士大会上的讲话[M]．北京：人民出版社，2014.

[138] 习近平在全国教育大会上强调 坚持中国特色社会主义教育发展道路 培养德智体美劳全面发展的社会主义建设者和接班人[N]．人民日报，2018-09-11.

[139] 习近平主席在联合国“教育第一”全球倡议行动一周年纪念活动上发表视频贺词[N]．人民日报，2013-09-27.

[140] 相丽玲，张延飞．知识竞争力的命题及其假设验证[J].情报理论与实践，2010.

[141] 项贤明 .教育发展与国家竞争力的理论探析[J].比较教育研究，2010.

[142] 项贤明．创新人才培养是教育现代化的战略核心[J].中国教育学刊，2017.

[143] 项贤明. 论实现小康社会教育发展目标:比较的角度[J]. 比较教育研究, 2003.

[144] 谢安邦. 比较高等教育[M]. 桂林: 广西师范大学出版社, 2002.

[145] 徐静, 刘宝存. "成人的PISA": OECD成人技能调查研究[J]. 比较教育研究, 2014.

[146] 徐晓林, 吕殿学, 朱国伟. 文化安全视野下的中国教育"走出去"战略[J]. 马克思主义研究, 2012.

[147] 薛二勇, 李健, 单成蔚, 樊晓旭. 实现基本公共教育服务均等化——《中国教育现代化 2035》的战略与政策[J]. 中国电化教育, 2019.

[148] 薛二勇. 我国大学和产业合作的战略选择和制度安排——协同创新中高等教育宏观政策的调整和创新[J]. 教育研究, 2013.

[149] 薛海平, 胡咏梅. 国际教育竞争力的比较研究[J]. 教育科学, 2006.

[150] 燕继荣. 反贫困与国家治理——中国"脱贫攻坚"的创新意义[J]. 管理世界, 2020.

[151] 杨小敏, 杜育红, 赵佳音. 国家免费基础教育向高中阶段延伸的前瞻研究[J]. 中国教育学刊, 2015.

[152] 杨小微, 孙阳, 张权力. 教育现代化: 从梦想走向现实[J]. 教育科学研究, 2013.

[153] 杨宗凯, 吴砥, 郑旭东. 教育信息化 2.0:新时代信息技术变革教育的关键历史跃迁[J]. 教育研究, 2018.

[154] 叶茂林, 郑晓齐, 王斌. 教育对经济增长贡献的计量分析[J]. 数量经济技术经济研究, 2003(1): 89–92.

[155] 郁晓华, 张润芝, 祝智庭. 教育信息化竞争力的模型设计与国际指标比较[J]. 中国教育信息化, 2009.

[156] 喻聪舟, 温恒福. 七十年来我国教育政策中教育现代化定位变

迁的趋势及启示[J].教育科学研究, 2020.

[157] 喻聪舟, 温恒福. 现代化理论视角下教育现代化问题研究述评[J].现代教育管理, 2018.

[158] 喻聪舟, 温恒福. 中国教育现代化的融合式发展研究[J].中国教育学刊, 2018.

[159] 曾天山, 吴景松, 崔洁芳, 王重. 国际教育指标的选择、应用与借鉴[J].教育发展研究, 2015.

[160] 曾天山. 奋力谱写中国特色社会主义教育现代化新篇章[J].教育研究, 2018.

[161] 曾天山. 加快教育现代化的时代主题与路径创新[J].中国教育学刊, 2018.

[162] 曾天山. 教育优先发展是实现现代化的根本大计[J].教育研究, 2008.

[163] 曾文婕, 郭佳佳, 黄甫全. 培育全民的创造力与责任心——联合国教科文组织《中期教育战略（2014—2021）》价值取向解析[J].现代远程教育研究, 2017.

[164] 张波, 周志刚. 教育投资对中国经济增长贡献的计量分析[J]. 天津工业大学学报, 2006(1): 78–80.

[165] 张贺. 每年出书 37 万种，意味着什么[N]. 人民日报, 2013-04-22.

[166] 张民选. PISA、TALIS与上海基础教育发展[J]. 外国中小学教育, 2019.

[167] 张培刚. 农业与工业化：农业国工业化问题初探（1949）中文版[M]. 武汉：华中工学院出版社, 1984.

[168] 张琪, 张岩. 高校创新教育与提升国家竞争力[J]. 辽宁工学院学报（社会科学版）, 2004.

[169] 张权力，杨小微．教育现代化的陷阱、挑战及其应对[J].高教发展与评估，2017.

[170] 张苏，高扬．大学生学习行为与国家竞争力关联关系的实证研究[J].管理世界，2012.

[171] 张志强，吴健中．企业竞争力及其评价[J].管理现代化，1999.

[172] 赵渤，崔日明．信息产业发展中的人力资源开发：日韩经验[J].中国青年政治学院学报，2003.

[173] 赵宏斌．教育竞争力是国家竞争力的基石[J].教育科学，2008.

[174] 赵丽敏．教育国际竞争力发展指标体系的构建[J].教育评论，2004.

[175] 赵世举．全球竞争中的国家语言能力[J].中国社会科学，2015.

[176] 赵彦云．高等学校教育竞争力研究[J].大学（研究与评价），2008.

[177] 赵中建，肖玉敏．我国教育的国际地位与竞争力——基于相关数据与国家竞争力报告的分析[J].教育发展研究，2009.

[178] 中共中央党史和文献研究院．习近平扶贫论述摘编[M].北京：中央文献出版社，2018.

[179] 中共中央马克思恩格斯列宁斯大林著作编译局．马克思恩格斯全集[M].北京：人民出版社，2006.

[180] 中共中央马克思恩格斯列宁斯大林著作编译局．马克思恩格斯选集[M].北京：人民出版社，1995.

[181] 中共中央文献研究室．十八大以来重要文献选编（中）[M].北京：中央文献出版社，2016.

[182] 中国教育与人力资源问题报告课题组．从人口大国迈向人力资源强国[M].北京：高等教育出版社，2003.

[183] 中国科技信息所．中国科技论文统计结果（2011）[R].2011-12-02.

[184] 中国新闻出版研究院. 2012–2013 中国数字出版产业年度报告[R]. 2013–07.

[185] 中央财经大学人力资本与劳动经济研究中心. 中国人力资本报告 2020 [R]. 2020.

[186] 中央教育科学研究所. 中国教育竞争力报告 2010[M]. 北京: 教育科学出版社, 2011.

[187] 中央教育科学研究所国际比较教育研究中心. 中国教育竞争力的国际比较研究[R]. 中央教育科学研究所, 2009.

[188] 钟贞山, 赵晓芳. 建设教育强国之“道”与加快教育现代化之“理”[J]. 南昌大学学报(人文社会科学版), 2018.

[189] 钟周, 张传杰. 立足本地、参与全球:全球胜任力美国国家教育战略探析[J]. 清华大学教育研究, 2018.

[190] 周红霞. 构建美国全面而有竞争力的教育体系——奥巴马在拉美裔商会上关于全面教育改革计划的讲话摘编[J]. 全球教育展望, 2009.

[191] 周倩. 制度性话语权视角下高等教育强国建设的路径选择[J]. 教育研究, 2017.

[192] 周文龙, 李玲, 刘一波. 学前教育现代化战略与路径研究——基于学龄人口预测[J]. 中国电化教育, 2020.

[193] 朱红, 朱敬, 刘立新等. 中国高等教育国际竞争力比较研究[M]. 天津: 天津大学出版社, 2010.

[194] 邹薇. 再论国家竞争力的内涵及其测度体系[J]. 经济评论, 2002.

二、英文文献

[1] Amartya, Sen. Development as Freedom[M], New York: Knopf, 1999.

[2] Angus Maddison. Chinese Economic Performance in the Long Run, 960–2030 AD, Second Edition, Paris, OECD, 2007.

[3] Bauk S, Jusufranic J. Competitiveness in Higher Education in Terms of the Level of Students' Satisfaction with E–Learning in Blended Environment[J]. Montenegrin Journal of Economics, 2014.

[4] Begg R. The Dialogue between Higher Education Research and Practice[M]. Berlin: Springer Science & Business Media, 2003.

[5] Bikse V, Rivža B, Latvian I B. Competitiveness and Quality of Higher Education: Graduates' Evaluation[J]. Journal of Teacher Education for Sustainability, 2013.

[6] Bils M, Klenow P J. Does Schooling Cause Growth?[J]. American Economic Review, 2000.

[7] Choi Y C, Lee J H. What Most Matters in Strengthening Educational Competitiveness?: An Application of FS/QCA Method[J]. Procedia–Social and Behavioral Sciences, 2015.

[8] CIA World Factbook 2014.

[9] Clark B R. The Higher Education System: Academic Organization in Cross–national Perspective[M]. Berkeley: University of California Press, 1986.

[10] Del Rey E, Racionero M. Financing Schemes for Higher Education[J]. European Journal of Political Economy, 2010.

[11] Douglass C. North. Structure and Change in Economic History[M]. New York: W. W. Norton, 1981.

[12] European Commission. Delivering on the Modernisation Agenda for Universities: Education, Research and Innovation[J]. Communication from the Commission to the Council and the European Parliament, COM (2006) 208 final, Brussels, 10 May, 2006.

[13] Gates S M, Catherine H, Benjamin A R, et al. Ensuring Quality and Productivity in Higher Education: An Analysis of Assessment Practices[M]. San

Francisco: JOSSEY–BASS. A Wiley Company, 2002.

[14] Hargreaves A, Goodson I. Educational Change Over Time? The Sustainability and Nonsustainability of Three Decades of Secondary School Change and Continuity[J]. Educational Administration Quarterly, 2006.

[15] Ioan P, Gabriela B M, Mihai P D. Education and Competitiveness in the Globalization Era[J]. The Annals of the University of Oradea, 2013.

[16] Kireeva N, Slepenkova E, Shipunova T, et al. Competitiveness of Higher Education Institutions and Academic Entrepreneurship[J]. Revista ESPACIOS, 2018.

[17] Labas Istvan, Darabos Eva, & Nagy Tunde Orsolya. Competitive–ness–Higher Education. Studia Universitatis Vasile Goldis Arad. Seria Stiinte Economice, 2016.

[18] Lowther J. The Quality of Croatia's Formal Education System[J]. The Competitiveness of Croatia's Human Resources, 2004.

[19] Marginson S. Dynamics of National and Global Competition in Higher Education[J]. Higher Education, 2006.

[20] Mashkova N, Patrakov E, et al. Ensuring Competitiveness in the System of Additional Professional Education[J]. Life Science Journal, 2014.

[21] Mayo P. Competitiveness, Diversification and the International Higher Education Cash Flow: the EU's Higher Education Discourse Amidst the Challenges of Globalisation[J]. International Studies in Sociology of Education, 2009.

[22] McGaw B. The Role of the OECD in International Comparative Studies of Achievement[J]. Assessment in Education: Principles, Policy & Practice, 2008.

[23] Michael E. Porter. The Competitive Advantage of Nations[M]. New

York: The free press, 1990.

[24] Open Doors 2009 Report on International Educational Exchange, Institute of International Education, http://opendoors.iienetwork.org/.

[25] Rey O. The Use of External Assessments and the Impact on Education Systems[J]. Beyond Lisbon, 2010.

[26] Robert J. Barro, Jong-Wha Lee. A New Data Set of Educational Attainment in the World, 1950-2010. NBER Working Paper Series, http://www.nber.org/papers/w15902.

[27] Sahlberg P. Teaching and Globalization[J]. Managing Global Transitions, 2004.

[28] The Guardian, How China plans to become a global force in higher education. 2015-10-13.

[29] United States. Committee on Banking, Finance, and Urban Affairs. Subcommittee on Economic Stabilization. President's Commission on Industrial Competitiveness 1984[M]. Washington: Government Printing Office, 1985.

[30] VOA, Education Report-Foreign Student Series: Financial Aid, 2009-02-04.

[31] World Population Prospects: The 2010 Revision, http://esa.un.org/unpd/wpp/index.htm.

后记

古人云："致天下之治者在人才，成天下之才者在教化。"中国式现代化的愿景是每一个人都能够独立思考，具有创造力和探索精神，拥有完整人格、健康体魄和现代精神。一个国家只有真正地关注如何科学培养这些个体，并为他们的创新创造活动提供一系列公平的政策保障和成长环境，才能获得源源不断的发展动力。从人力资本的角度来说，教育投资是一种能够使人的能力得以提高的生产性投资，即教育通过对人的培养去实现经济、社会方面的效益，从而推动经济和社会的发展。

2017 年 10 月，党的十九大报告提出"建设教育强国"的战略任务，为我国教育事业发展明确了宏伟目标。站在"两个一百年"奋斗目标的历史交汇点上，"十四五"将开启建设高质量教育体系的新征程。这充分反映了"教育是国之大计、党之大计"，教育事业在社会主义现代化总布局中具有前所未有的根本性、重大性、长期性的战略地位。在党中央的指引下，中国教育事业取得了显著成就，我国已进入从人口红利向教育红利转型的新阶段，基于教育红利的人口和劳动力素质的持续提高对国家综合实力和国际竞争力提升发挥了重要作用。中国主要教育指标达到世界中高收入国家前列，进入世界人力资源强国行列，人力资源地区分布不平衡明显改善。

展望 2035 年，我国将基本实现社会主义现代化，就需要结合人口发展趋势和经济走向，更好地发挥教育的基础性、先导性和引领性作用，以教育充分平衡发展破解关键挑战与难题，满足人的发展需求，服务于全体人民现代化。从党和国家发展全局视角，把握建设教育强国的战略逻辑，就是全面提升人口素质，全面提高人的发展能力，全面优化人力资源结构，全面开发教育红利，使得现代教育要素在全体人民身上不断发展、不断满足、不断平衡、不断加强，建成社会主义现代化强国！

本书集合了笔者及研究团队对于教育现代化和国家竞争力的研究精华。在本书成文过程中，获得了许多人的帮助与支持，在此一并表示衷心感谢：感谢清华大学人文社科资深教授、清华大学国情研究院院长胡鞍钢老师！老师眉目有山河、心中怀日月，为人为学清澈明朗、一往无前，对本书的写作思路及框架搭建发挥了关键作用；感谢清华大学国情研究院王亚华、周绍杰、高宇宁、鄢一龙、刘生龙等几位老师，感谢各位师友对我学术生涯的关怀和照拂；感谢国家教育部、发改委等单位的有关专家在百忙之中对本书提出意见，你们的建议对本书内容的完善起了重要作用。此外，研究团队中有多位学生和研究助理参与了本书撰写，王志浩、秦一鸣等先后参与了本书的资料收集与修改工作，在此表示感谢。本书的撰写还参考、借鉴了大量已有研究成果，在此对参考文献的作者们致以深深的谢意。

本书的出版得到了浙江教育出版社学术出版中心主任王凤珠老师、责任编辑李剑老师以及其他审读老师的大力支持，在此深表谢意！由于资料掌握不全面以及水平有限，本书在对问题的探讨与分析中难免存在不足，不当之处恳请专家、学者批评指正！

最后，愿本书能为教育现代化和国家竞争力的理论研究和实践工作尽一份绵薄之力，本人也将沿着这一重要方向继续砥砺前行。

2020 年 9 月

图书在版编目（CIP）数据

教育现代化与国家竞争力 / 王洪川著. -- 杭州 : 浙江教育出版社, 2020.12
ISBN 978-7-5722-1372-4

Ⅰ. ①教… Ⅱ. ①王… Ⅲ. ①教育现代化－关系－国际竞争力－研究－中国 Ⅳ. ①G52②D6

中国版本图书馆CIP数据核字(2020)第270525号

教育现代化与国家竞争力

JIAOYU XIANDAIHUA YU GUOJIA JINGZHENGLI

王洪川　著

责任编辑：李　剑
责任校对：陈阿倩
美术编辑：韩　波
责任印务：陈　沁
出版发行：浙江教育出版社
（杭州市天目山路40号　电话：0571-85170300-80928）
图文制作：杭州林智广告有限公司
印刷装订：浙江新华印刷技术有限公司
开　　本：710 mm×1000 mm　1/16
印　　张：15
字　　数：207 000
版　　次：2020年12月第1版
印　　次：2020年12月第1次印刷
标准书号：ISBN 978-7-5722-1372-4
定　　价：60.00元